国宝100

马未都

第四卷

长江出版传媒 | 长江文艺出版社

北京长江新世纪文化传媒有限公司
www.cjxinshiji.com
出品

目录

076

唐·彩绘漆金夹纻阿弥陀佛坐像

美国大都会艺术博物馆藏

在清末到民初的这段时间里，中国有大量的文物外流。做这类生意的古董商，除了咱们自己人以外，还有很多外国人，这些外国人里最有名的一个，叫山中定次郎（图 1）。

山中定次郎，1866 年出生于日本大阪。其实他原来不姓山中，姓安达，叫安达定次郎，他爹安达信五郎是一个小古董商。1878 年，也就是光绪四年的时候，年仅 12 岁的安达定次郎被他爹送到了当时更有实力的古董商山中吉郎兵卫那里学徒。当时他还小，但是当学徒岁数越小掌握得越快，所以他在山中吉郎兵卫那里掌握了很多知识。而且，这孩子情商极高，很快，

图 1 山中定次郎

山中吉郎兵卫就觉得，这小伙子行，这么多徒弟里就他能成事，不仅头脑清晰，性子也稳，懂得人情世故，还有胆识。所以山中吉郎兵卫就多了个心眼，收他为义子，还把自己的大女儿嫁给了他。这时，安达定次郎就改姓为山中。改姓后的山中定次郎，逐渐成为山中古董行的中坚力量。

当时，山中定次郎发现，因工业革命而崛起的欧美各国的新富阶层，对东方文化抱有浓厚的兴趣和猎奇心理。这是因为 1840 年鸦片战争敲开了中国的大门，在这之前，欧美人对中国几乎一无所知。所以，他决定抓住这次商机，将古董生意向西方扩展。他把公司改组成了山中商会，亲自担任业务执行。山中商会的生意做得特别大，今天再也没有这种机会了，没有人能把古董生意做得那么大。他陆续在美国、英国和法国开设代理店，成为全世界最大的亚洲古董经营商。

为了扩大货源，1901 年，山中定次郎决定在北京设立办事处，地址就选在北京东城的麻线胡同 3 号。每年春秋两季，他都会到中国来收购古董，只要是看上的，就毫不犹豫地出手买下。那时候中国穷啊！卖家怎么开价都出不了圈。所以，中国社会的动荡就为山中商会的经营提供了很大的机遇。1917 年，他又购进一处四合院作为山中商会北京分店（图 2）。

图 2 山中商会北京分店

那么，山中定次郎是以一种什么样的形式在中国收购古董的呢？这种形式咱们都熟悉，直截了当又接地气，就是把古董商全都叫来，在他家院子里摆摊儿。中国古董商把带来的宝贝放在大长桌上，由山中定次郎和欧美各分店的采购员工按照各个市场的喜好和需求选购。然后，由北京分店的雇员们负责分类、运输，最后结账。什么叫市场喜好呢？比如，过去常说，你走法国庄、走美国庄，这是什么意思呢？就是它的喜好不一样：法国庄喜欢颜色鲜艳的瓷器，比如法华瓷（图 3）；相对而言，美国庄当时的审美比较土，比欧洲要低一个等级，所以花里胡哨的东西都喜欢跑美国庄。当时美国人还喜欢一类东西，就是中国的雕塑。通过这种方式，山中定次郎把大量的中国古董带到了欧美市场，这也就为山中商会在欧美多国的分店提供了源源不断且品质相当高的中国艺术品。

很有意思的是，山中定次郎在北京开店不是为了卖，而是为了买，买了再转卖到欧美市场，同时还可以接收大量与市场有关的信息。所以说，山中商会是一个和中国市场对接与沟通的窗口。

图 3 明代 法华人物纹罐 故宫博物院藏

到了 1917 年，也就是民国六年的一天，一位古董商来到北京，慕名找到了山中定次郎。这位古董商把所带的四个箱子命人抬到院子里，对山中拱手作揖。之后他说："久闻山中先生大名，如雷贯耳啊！今日拜访，真乃我辈之荣幸。这里有几尊唐代佛像，不知能否入得了您的法眼。"过去的人是这样，你没跟人家打过交道，人家对你都是比较谨慎的。从说话、择词，一听就知道你是不是内行；一看你的着装，就知道你到底有钱没钱。所以，山中定次郎出于礼貌，对他微笑回礼，但内心对这个人带来的东西并没抱多大希望。

这位古董商把自己带来的箱子逐一打开，工人们从里头搬出四尊看上去十分破旧的佛像。没想到的是，这四尊佛像都特别轻，工人们没费多大劲儿，一提溜，就把他们全放到了桌子上。

佛像表面本有彩绘贴金装饰，但大部分都褪色了。如果是外行看，可能会说，这有什么呀？不就是几尊破破旧旧的佛像吗？比这好的，咱不知道有多少呢！但刚才还淡定的山中定次郎，看到这四尊佛像后，心里立刻就不淡定了。因为他是行家呀！行家伸伸手，便知有没有。他看着这几尊佛像，心中暗想：嗯，这个，可以！山中定次郎熟知中日文化，一看到这几尊佛像，就知道它们来历不凡。询问了造像的来源和价格后，没有和卖家拉锯，他就按卖家出的价把佛像全留下了！

我们平时常见的佛像主要有两类：一类是雕刻，做减法；一类是塑造，做加法。但这四尊佛像跟哪种都不贴，这是一种极为特殊的工艺，叫作"夹纻"。

"夹纻"这个名字听着比较陌生，这项工艺十分古老，而且早在唐代的时候，就已经被高僧鉴真东渡传到了日本，被日本人学习、传承，所以日本人对夹纻反倒是比较了解的。

夹纻的全称叫"夹纻胎漆器"，跟我们现在说的"脱胎漆器"类似。

漆是一种不能单独成型的物质，它必须要依附于一个介质，这个介质，就是漆器的胎。胎有哪些类型呢？实在太多了，有木胎、皮胎、竹胎、石胎、玻璃胎、金属胎，甚至还有瓷胎。但夹纻胎和这些都不同："夹"，是工艺，一层夹一层；"纻"，就是苎麻。简而言之，比较纯的夹纻工艺，就是用泥作胎，胎表面糊上苎麻，苎麻上反复施漆。施过很多层漆后，就形成了一个壳，然后再整塑器形，补充细节。等夹纻工艺完成后，再把里头的泥巴去掉。还有一种方法，可能相对比较偷懒，就是漆层下用木架支撑，这算一种广义的夹纻。夹纻制成的器具，形态表现得更为细腻。这种工艺制作繁杂，成本又高，只有皇家贵族或大寺院才具备这样的制作实力（图 4）。

漆器我们之前讲过，它在中国有着悠久的历史。漆就是漆树的树脂，是纯天然的，它一开始的使用目的很简单，就是防腐，后来又增加了一个目的，就是装饰。几千年来，中国先民积累了丰富的漆工经验，并曾加以

图 4 清代 夹纻观音菩萨坐像
故宫博物院藏

总结。第一部漆工专书叫《漆经》，作者是五代时期的朱遵度，可惜这部书早已失传。现在我们能看到的，可以说是唯一一部古代漆工专著，名叫《髹饰录》，是明代制漆名家黄成所著。

这本书在三四百年间只有一部抄本，有可能当时就是师父传给徒弟的记录。它保存在哪儿呢？在日本，不在中国，直到1927年，才被中国人发现，重新刊行。之后，王世襄先生对《髹饰录》进行说明，写成《〈髹饰录〉解说》一书。书中对“夹纻”是这样描述的：“夹纻漆器，其源甚早，战国时楚国墓中已有发现……至汉而流行……汉后，佛教渐兴盛，常用夹纻制造佛像，南北朝至隋、唐，夹纻像一直流行。晋戴逵就是一位善造夹纻像的雕塑名家。”

这里说的“戴逵”，是我国东晋时期著名的雕塑家。我国的夹纻胎造像最早的文献记录就与他有关。夹纻最早用于制作生活器具，比如食具、酒具、妆奁、匣，什么都有。因为它轻巧又耐腐蚀，所以戴逵就受夹纻器物的启发，将这一技法运用到佛像的制作中，戴逵是夹纻造像的创造者。

那为什么夹纻佛在魏晋后开始流行呢？因为佛教的盛行，需要做佛事，当时有一种流行的佛事活动叫“行像”。所谓“行像”，就是“行动中的佛像”，古人把佛像放到花车上在城中巡行，可以让众人瞻仰、膜拜。期间还会表演杂耍和舞蹈，这有点像我们现在的节日游行表演。历史上有很多次行像活动，规模都十分宏大，比如北朝的《洛阳伽蓝记》中就有相关记载，把这事儿描写得非常热闹。

因为需要巡城，所以就要求佛像一定要轻巧，好运输。如果花车上搁一尊大石佛或大铜佛，先不说能不能游，扛佛的人估计都没个姿势了，肯定不行，所以就得找轻的。虽然轻，但外形还得特别好，看着十分厚重，还要不容易被磕坏，所以，既轻巧又坚固的夹纻佛像刚好满足了行像仪式的要求。

到了隋唐时期，夹纻佛像的制作达到了顶峰。唐代中期，鉴真和尚东渡日本，在他弥留之际，弟子思托等人便用夹纻为他制作了一尊坐像，体现出鉴真圆寂时的真实宝相。1000 多年来，这尊塑像被视为日本的国宝，一直精心供奉（图 5）。

夹纻工艺是最为流行的佛教造像技法，至今仍留有许多实物。比如，日本唐招提寺金堂中的卢舍那大佛，高 3.7 米，是日本现存古艺术品中最宏伟的夹纻胎造像（图 6）。

我国历史上有没有造过这种夹纻大像呢？还是有的。北宋司马光主编的《资治通鉴》中有这样一段记载："初（唐初），明堂既成，太后命僧薛怀义作夹纻大像，其小指中犹容数十人，于明堂北构天堂以贮之。"

这里说的"明堂"和"天堂"，是武则天时期命工匠在洛阳紫微城建起的两座宏大的建筑：明堂是大朝正殿，高近百米；天堂是礼佛堂，共五层楼，据说到第三层的时候，就可以俯视明堂了，它比明堂还高。电影《狄仁杰之通天帝国》中，那座通天浮屠的原型就是天堂。

天堂里，供奉有一尊武则天命她的情人薛怀义作的夹纻大像，这尊大佛像的一根小指头里，就能容纳数十人，你想这佛像得有多大啊！我觉得，这是一种比较夸张的描写，但它还是给我们提供了一个信息：这尊夹纻佛的尺寸，一定小不了！

可惜，这尊夹纻大佛没过多久就被一把火给烧了。如果没有被烧的话，它不仅是国宝，还得是世界之宝。谁烧的呢？还是薛怀义。当时，因武则天十分宠幸一个叫沈南璆的御医，薛怀义妒火中烧，也就真放了把火，把天堂及堂中的佛像都给烧了，烧了整整一宿啊！说到这儿，谁听着都心疼，但武则天当时为了给薛怀义开脱，表现得很大度，只云淡风轻地说了一句："甭处置了，再盖一个就行了。"可见他们俩当时有多么相爱。然而，由于历史上很少大规模地制作这种夹纻佛像，加上晚唐的灭佛运动，使得如今唐代的夹纻佛存世量非常少。

图5 8世纪 夹纻鉴真和尚坐像 日本唐招提寺藏

图6 8世纪 夹纻卢舍那大佛坐像 日本唐招提寺藏

图 7 三尊夹纻佛坐像

了解了这些，我们再回到 1917 年的北京。当山中定次郎看到同时有四尊唐代干漆夹纻佛像出现在他的面前，并且即将归他所有的时候，你想想他的内心得有多么激动。他让手下同古董商办好了交接，并将这位古董商热情地送走后，围着这四尊造像走来走去，心中思虑万千。他应该如何安置这四尊可遇不可求，但偏偏让他求来了的造像呢？

山中定次郎毕竟是一位眼光独到、对市场分析透彻的商人，他很快决定，将这四尊造像中的三尊全部运往美国。当时，美国的藏家对中国古代雕塑抱有极强的好奇与热爱，所以这批夹纻造像定能寻到大买主，卖个好价钱。

果不其然，佛像刚一到山中商会的纽约分店，立马就引起了美国古董商和各大博物馆的关注。最终，这三尊佛像分别被美国纽约大都会艺术博物馆、华盛顿的弗利尔美术馆和马里兰州巴尔的摩市的沃尔特斯艺术博物馆购藏（图 7）。

这四尊佛像卖给了美国三尊，那第四尊哪儿去了呢？这第四尊佛像被山中定次郎私藏了，看来他还是真心喜欢这难得的艺术极品的。私藏的这尊佛像，在 1925 年斯德哥尔摩大学教授喜龙仁出版的专著《五至十四世纪的中国雕刻》中还收录过，但现在却流失日本，不知所踪（图 8）。

现在对这些佛像的年代断定不全是唐代了，专家们根据它们的状态特征，再结合现代科技手段，断定沃尔特斯艺术博物馆的造像是四尊中最早的，为隋末作品，其他的还都是唐代的（图 9）。

这四尊佛像来自同一个地方，它们的来源我们先按下不表，先来看看它们是什么样子的。佛像的共同特征十分明显，比如：它们都是夹纻胎坐佛，为盘腿坐姿，也就是跏趺坐；高度差不多都在一米左右；身披袈裟，袒右肩；

图 8 唐代 夹纻佛像

图 9 隋代 彩绘漆金夹纻佛坐像 美国沃尔特斯艺术博物馆藏

而且双手和底座均残缺，透过残缺的双手，可以观察到佛像内部是木芯。

相比之下，美国大都会艺术博物馆购藏的这尊夹纻佛，是四尊中保存更为完好的（图 10）。造像通高 96.5 厘米，比例匀称。顶部饰有磨光肉髻，头微低，做沉思状。面相圆润，神情庄严肃穆。双耳垂肩，耳垂处还穿有耳洞。面相虽然丰满，但和盛唐时期的造像相比，身体还是比较消瘦的。佛像身披袒右袈裟，衣纹简洁，非常写实。佛像的体态舒展，让人觉得很自然，没有一丝呆板气。

图 10 唐代 彩绘漆金夹纻阿弥陀佛坐像 美国大都会艺术博物馆藏

造像的彩绘应该至少有两层，身体最底一层是彩绘，上面一层为贴金。比如，它的脸上有彩绘，嘴唇还残有红色，肌肤上还有贴金痕迹，至今颜色还十分鲜艳。它的双手虽缺失，但专家根据现存部分所持姿势，给它定名为“彩绘漆金夹纻阿弥陀佛坐像”。

在大都会艺术博物馆的展签上，可以看到这样一个标注：这尊佛像来自直隶省正定大佛寺。这个“大佛寺”也就是四尊夹纻佛的共同出处了。直隶省，就是河北省，正定在河北省会石家庄的东北，古称常山、真定。《三国演义》中，赵云自称“我乃常山赵子龙也”，这个“常山”，就是现在的正定。从北魏到清末，这里一直是州、府、路、郡的治所。我们前文讲的那尊北魏铜鎏金弥勒像也出土于正定，所以，这四尊夹纻佛同那尊铜鎏金弥勒像，都是老乡。

现在去正定，还能看见大佛寺。正定的佛教文化一直发展得十分兴盛，即便是唐武宗年间下令灭佛，这里也基本没受影响，还成为当时佛教发展的一个中心。一直到近代，正定县城还存有八座大寺院，但如今只剩五座了。这五座中，规模最大的叫“隆兴寺”。

今天在河北有句广为流传的顺口溜：“河北有四宝——沧州狮子、定州塔，赵州石桥、大菩萨。”正是因为这其中的“大菩萨”——一尊高达 21.3 米的北宋铜铸千手千眼观音像供奉于隆兴寺中，所以当地百姓就把隆兴寺俗称为“大佛寺”（图 11）。

这座大佛寺始建于隋朝开皇年间，但现在隋唐建筑已不见，以宋代营造为主体。在这一座寺院中，就保留下了六处全国之最。梁思成先生曾于 20 世纪 30 年代及 60 年代，先后三次到这里考察，做了大量的细致测绘，推崇大佛寺为京外名刹之首。

有学者在梁思成先生的《正定调查记略》一文中，找到了这样一句话：隆兴寺转轮藏殿“南墙边在楼梯之下，有三尊弃置的无头漆像，确都是极精的作品。”这表明 1933 年，在四尊完整的夹纻佛像被卖掉的 16 年后，梁思成先生在这里还见到了另外三尊残破的漆像，这就为以后研究这批造像提供了新的线索。

2017 年 12 月，美国史密森尼国立亚洲艺术博物馆举行《漆佛的秘密》展览，大都会艺术博物馆、弗利尔美术馆和沃尔特斯艺术博物馆的三尊夹纻佛在这里再次聚首！人们利用 X 光扫描，将佛像的内部结构呈现出来；显微镜的进一步观察还告诉我们：这三尊佛像使用了相同的麻织物来分离

图 11 正定隆兴寺中的北宋铜铸千手千眼观音像

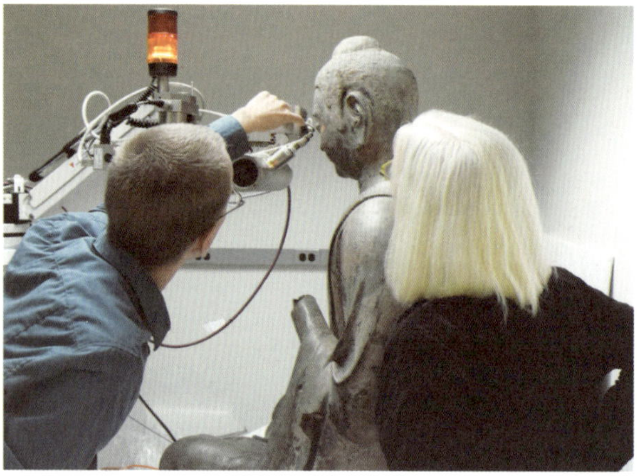

图 12 仪器检测夹纻佛像

漆层。当时的制作者一定没有想到，一千多年后，还会有人用现代科技去探查他们当时的工艺（图 12）。

我国古代的夹纻胎佛像，留存至今的非常少。唐以后，这种工艺就逐渐衰退了。衰退的原因之一，就是夹纻看似简单，但实际操作非常复杂，制作成本也高。加上宋朝以后，相关的佛事活动规模都没有唐以前那么大，行佛活动也越来越少，夹纻佛在明清见到的也就不多了。因而，这尊夹纻佛就显得弥足珍贵。如果我们想看实物，就只能去美国的大都会艺术博物馆了。正所谓世事沧桑，于佛也不例外。

077

北宋·耀州窑青釉刻花缠枝牡丹纹矮梅瓶

陕西省考古研究院藏

扫码听我讲
国宝故事

“沧海月明珠有泪，蓝田日暖玉生烟。”这是唐代大诗人李商隐的名句。这句诗中提及的“蓝田”，在今天确有此地。

蓝田是陕西省西安市下辖的一个县，自古就以产美玉而闻名（图 1）。“蓝”是美玉的意思，那“田”呢？就是指产玉的良田。陕西的蓝田玉与新疆的和田玉、辽宁的岫岩玉、河南的独山玉，并称为我国传统的四大名玉，只不过后来和田玉以其独特的玉质一支独大，才掩盖了其他三个的名气。

蓝田除了盛产美玉以外，人文历史也非常悠久。在其境内，考古还发现了距今一百多万年前的“蓝田猿人”。再有，蓝田的地理位置特别关键，是关中通往东南诸省的要道，自古就有“三辅要冲”之称。

图 1 西汉 蓝田玉雕四神纹铺首
茂陵博物馆藏

在距今一千多年前的北宋时期，有一个叫吕通的河南人到长安去做官，途经蓝田的时候，觉得这地方风景秀丽，是个难得的风水宝地，于是就决定举家从河南搬到蓝田定居。无论在过去还是现在，举家搬迁都是个很困难的事——故土难离嘛！不过今天回过头去看，这个吕通做的决定没错。蓝田这个地方的确是个风水宝地，他的后世子孙不但人丁兴旺，而且人才辈出。尤其是孙子辈当中的吕大忠、吕大防、吕大钧和吕大临兄弟四人，被后世尊称为“吕氏四贤”，在《宋史》当中都有列传。北宋时，“蓝田四吕”是唯一能与四川“峨眉三苏”相比肩的名门望族，人称“关中士大夫之首”。

吕氏家族的后人，至今仍有许多还生活在蓝田，每到过年过节的时候还常到祖坟去祭祀先祖。吕家的祖坟在蓝田的五里头村，据说这块地方风水极佳，三面环山，一面向水：背靠太尉塬，左手是秦岭，右手是骊山，前面就是灞河，放眼望去就是著名的白鹿塬。吕家的先祖在这么一个风水宝地下长眠，想必后代子孙肯定没少受到祖宗的恩荫和庇佑。但是，事实却并不完全如此（图2）。

图2 蓝田吕氏家族墓地形地貌图

2006 年，春节刚过，西安市刑侦局就接到群众举报，说蓝田五里头村有人盗墓，盗洞的地点就在吕家祖坟的位置。一听到这个消息，刑侦人员马上就组织了专案人员到现场去勘查。结果在现场的桃树林中发现一个又黑又深的盗洞，直达地下十几米。刑侦人员觉得这个案件很严重，立刻开始搜捕盗墓分子。通过走访和蹲点，案件很快成功破获，抓捕了四名犯罪嫌疑人，并查缴文物百余件。其中有西周的铜簋（图 3），汉代的熏炉（图 4），宋代的青釉器（图 5）、砚台等一系列珍贵器物。初步鉴定，这里面光是国家一级文物就有三件。

十分戏剧化的是，这个案件的主犯叫吕富平，他居然就是蓝田吕氏的后人！我们一般来算，差不多二三十岁是一代人的话，从北宋晚期到现在将近一千年的时间，大概经过了三十几代人，这吕富平和祖上的感情就没有了。虽然他的祖上还一直担负着看守家庙墓地的责任，世代住在五里头村，但他禁不住金钱的诱惑，还是伙同外人趁着村里过年放炮的机会，炸开了自家的祖墓，盗走了墓中的宝贝。

吕氏家族墓被盗的消息登上新闻后，墓里发现了许多宝贝的消息就不胫而走。这不但没起到警示和保护的作用，反而吸引来了大批盗墓者。虽然派了专人看守，但他们毕竟不是武警，仅仅几个月内，又连续发生了三次盗掘。无奈之下，考古部门说："得了，咱们自己开挖吧！与其让他们挖，还不如我们来挖。"这样，在不得已的情况下，考古人员对北宋吕氏家族墓地展开了保护性的发掘。

2006 年至 2009 年，陕西省考古研究院和西安市文保所联合对蓝田北宋吕氏家族墓地进行了勘探及发掘。考古专家们一共清理出墓葬 29 座，以及墓园东、西、北三侧"门"字形兆沟、家庙等遗址（图 6），出土了各类材质文物近千件（组）。

在这二十多座墓葬中，除了陪葬有各类生活器具，比如酒具、茶具、

图 3 西周 刻铭乳钉纹青铜簋
陕西历史博物馆藏

图 4 汉代 青铜朱雀熏炉
陕西历史博物馆藏

图 5 北宋 耀州窑青釉带盖银扣执壶
陕西历史博物馆藏

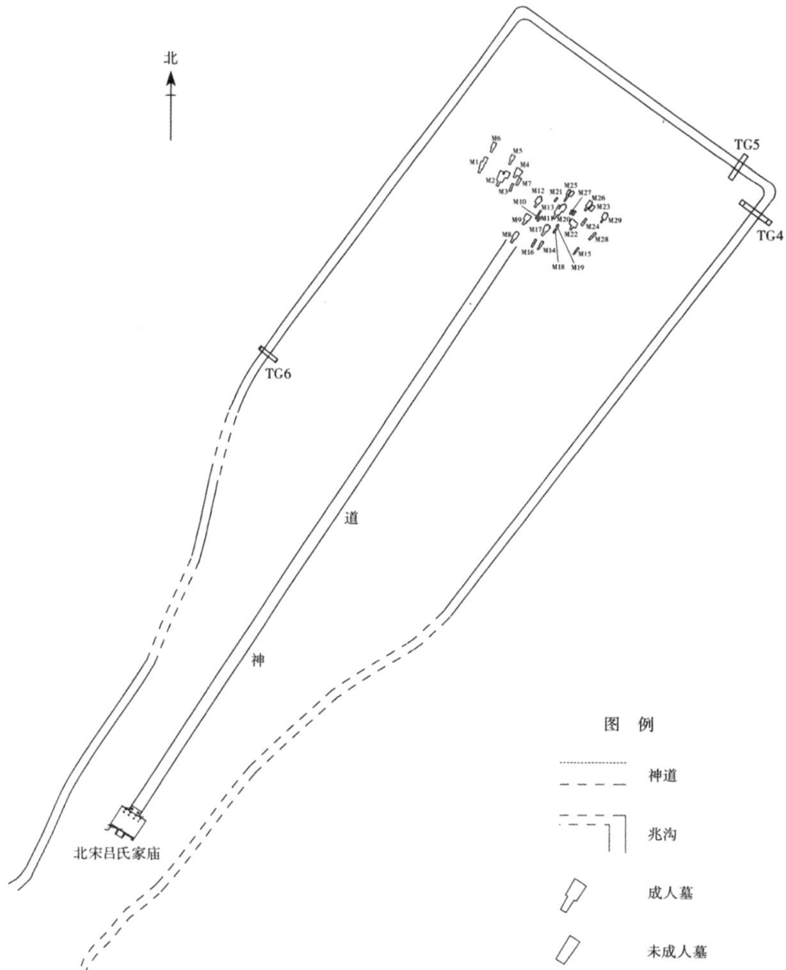

图 6 蓝田吕氏家族墓园平面图

香具外，还出土了众多的墓志铭。通过对墓志铭的解读，专家们确定了大部分墓主人的名讳和身份，并以此为依据，排列出了整个吕氏家族墓葬的次序（图 7）。就像人活着的时候讲究座次一样，人死后也得长幼有序、尊卑有别，讲究墓葬的次序。

蓝田吕氏家族墓葬群的整个布局大致呈马蹄状：最南端为高祖吕通之墓；

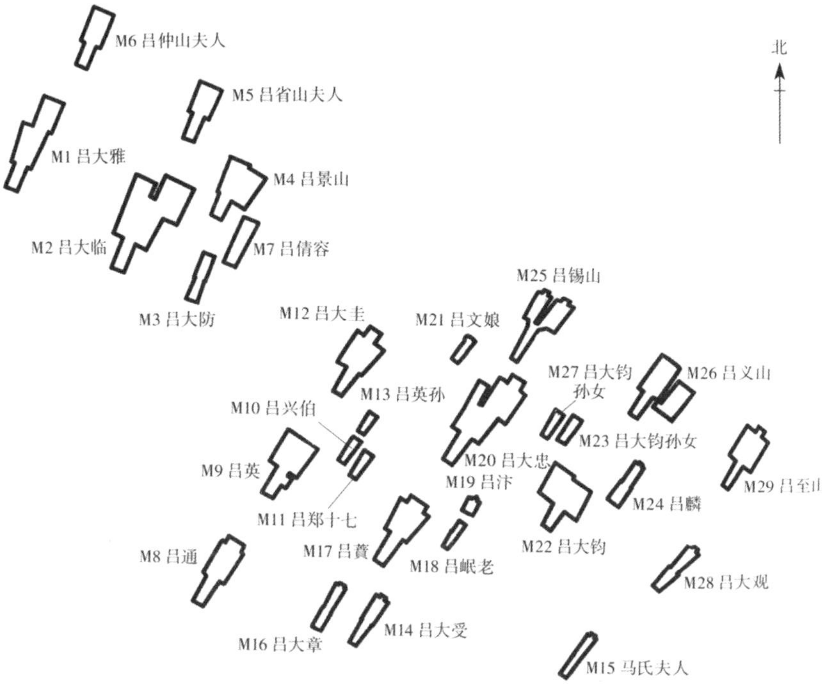

图 7 蓝田吕氏家族墓园墓葬分布平面图

往北是他的两个儿子——吕英和吕蕡的墓；再后边一字排开的是吕通孙辈的墓葬，也就是前面提过的吕大忠、吕大防、吕大钧和吕大临，几位“大”字辈的兄弟墓；再往后就是重孙“山”字辈的墓葬；玄孙辈仅葬吕嫣一人，因年轻夭折而祔于祖父吕大防坟茔之侧，没有按顺序，这算个例外。这么算来，蓝田吕氏家族墓地共埋葬了五代人，时间在北宋的中、晚期，前后持续了不到半个世纪。如此风水极佳的宝地，为什么被弃用了呢？专家分析可能与北宋灭亡、金人南下，吕氏主脉后人为了避乱，随之迁往了南方有很大关系。

在蓝田吕氏家族墓地二十多座坟墓当中，有一座墓葬非常特别，它的考古编号是 M2。这座墓葬由于被多次盗掘过，所以并没有发现墓志铭。但是根据整个墓葬的排列次序来看，它正好位于“大”字辈的墓葬位置。

在吕家“大”字辈的人里，除了吕大临的墓没有被发现，其他兄弟的墓葬都被发现了。所以，专家们推测这座编号M2的墓葬应该就是“吕氏四贤”之一的吕大临墓（图8）。

吕大临是吕通的孙子，号云阁先生，是我国宋代著名的理学家和金石学家。吕大临师从著名的“北宋五子”之一的张载，也就是张横渠。“为天地立心，为生民立命，为往圣继绝学，为万世开太平。”这段话都听过吧？这就是横渠先生最经典的“横渠四句”，说得多好啊！横渠先生逝世后，吕大临又转师“二程”——程颐、程颢，这两位同样也在“北宋五子”之列。吕大临跟随“二程”学习优异，遂与游酢、杨时、谢良佐三人一起，被时人称为“程门四先生”。

吕大临师从“北宋五子”中的三位，他的这几位老师，今天提起来都是如雷贯耳的人物。师从他们，并在弟子中出类拔萃，成绩优异，考个进

图8 M2发掘现场及地层剖面

士做官根本不费劲。但是吕大临并不喜爱做官，而是将所有的精力倾注于学术，学成之后，还回到家中经常讲学，去教化乡里。

吕大临的另外一个身份是金石学家。他编著的《考古图》是我国最早的、系统的古器物图录。《考古图》收录了宫廷及民间收藏的青铜器、石器、玉器共计 238 件。书中图文并茂，记录翔实，对每件器物的尺寸、重量、出土地点、流传经过等都有详尽的描写，为后世的金石学研究树立了一个典范。因此，吕大临也被誉为“中国考古学之鼻祖”。

M2 这座墓除了墓主人的身份特别以外，它本身的构造形制也非常特殊。一般我们看到的唐宋时期的古墓，就是在地下用砖石盖一个和房子结构相似的墓穴，放入棺椁后再用土给它填平。还有一种墓葬形式，是直接从地面往下挖竖坑，不用砖石，将棺椁放入后填平，这种形式成本比较低，在平民百姓的墓葬里比较常见。吕大临的墓葬采用的就是后者，专业称之为“竖井土圹墓”，这没有什么奇怪的。奇怪的是这个墓竖向不是一个墓室，而是由上、中、下三层墓室组成，像个楼房似的。

考古人员从地面挖到 3.2 米的时候，第一个墓室被发现了。挖开以后里面空空如也，尸骨也没有找到，弄得专家一头雾水。继续又向下挖了三四米，又挖出了一个墓室，挖开一看，结果仍让人大失所望，又是一个空墓。考古人员不死心，继续向下深挖。挖到了地下 15.5 米的时候，第三层墓穴出现了。这次这个墓穴没有让大家失望，终于挖到了吕大临的真墓室。

后来考古专家分析，吕大临这个墓之所以盖得像个楼房似的，主要原因可能就是为了防盗。你想啊，吕大临本身就是个金石学家，整天研究青铜器、古玉器。他心里十分清楚，这些东西十有八九都是从古墓葬里挖出来的。所以他害怕自己百年以后，墓葬被别人盗挖，才想出这种垛着的墓葬方式。上面都是空的，挖了也白挖。就算盗墓的发现了，以为是个早已经被盗干净的空墓，自然就放弃了。

另外，吕大临墓不用砖石砌盖墓室，想想应该也是为了防盗，而不是缺钱建不起。盗墓者在寻找墓葬时都有专门的探测工具，类似今天考古常用的“洛阳铲”。从地表探下去时如果有砖石，不用问底下肯定有东西。他这墓不用砖石，探下去都是土，除非经验十分丰富，一般人是看不出下面有墓葬的，也找不到墓葬的具体位置，从而起到了保护的作用。

吕大临生前如此下功夫防止自己的墓葬被盗，但结果还是事与愿违。道高一尺，魔高一丈，盗墓者还是成功地盗挖了这座墓。不过，好在盗墓者没有完全把东西拿干净，考古专家从墓室里仍清理出了一批重要文物。其中有一件青釉剔刻牡丹纹梅瓶，剔刻得非常潇洒，是北宋耀州窑难得的

图 9 北宋 耀州窑青釉刻花缠枝牡丹纹矮梅瓶 陕西省考古研究院藏

精美之作。吕大临去世后把它陪葬在身边，很可能说明他生前对这件耀州窑梅瓶格外喜欢（图9）。

梅瓶最早不叫梅瓶，这是我们今天沿袭清代人的叫法。宋金时期管它叫“经瓶”。许之衡在《饮流斋说瓷》一书中说：“梅瓶口细而颈短，口径之小仅与梅之瘦骨相称，故名梅瓶。”实际上，梅瓶最早出现于唐代（图10），在宋元时期最为流行（图11），还出现了许多变种。吕大临墓出土的这件刻花梅瓶，造型上就与常见的梅瓶略微不同，它比较矮胖，但与嘟噜瓶还不同，算是一种矮梅瓶，看起来更加敦实（图12）。

关于梅瓶的用途，从文献记载、传世实物和古代绘画来看，最初它就是个实用器，大多用于盛酒或其他液体物质（图13）。上海博物馆藏有两件宋代磁州窑梅瓶，一件腹部写有“清沽美酒”，另一件腹部写有“醉乡

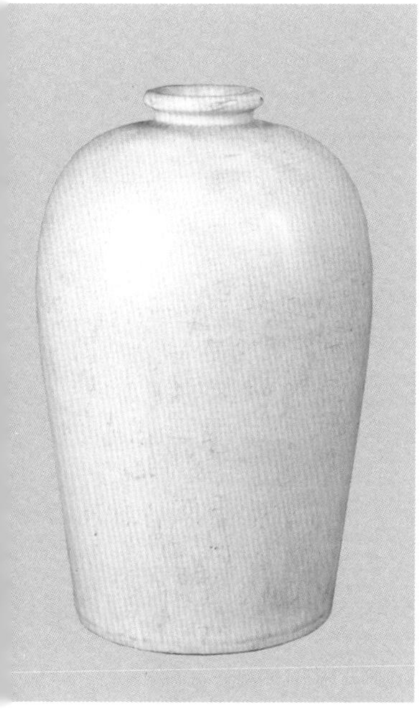

图10 唐代
白釉梅瓶
陕西历史博物馆藏

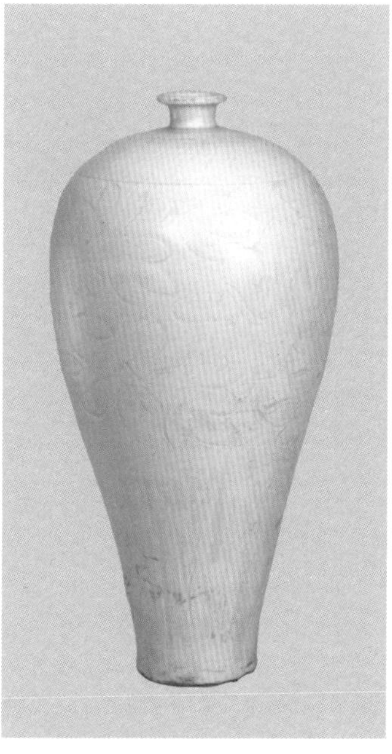

图11 北宋
定窑白釉刻花卉纹梅瓶
故宫博物院藏

图12 元代
黑釉剔花填白缠枝花纹嘟噜瓶
山西博物院藏

图13 辽代 张世卿墓后室南壁壁画中的梅瓶

图 14 宋代 磁州窑白地黑花“清沽美酒”梅瓶
上海博物馆藏

图 15 明代 陈洪绶《岁朝图》
台北故宫博物院藏

酒海”，这就很清楚地说明了当时梅瓶的功能（图 14）。明中晚期以后，梅瓶的观赏陈设作用越来越明显，与最初的储酒功能越来越远，变成了陈设装饰的器物，偶尔还会拿来插花，名字也就由之前的“经瓶”改为“梅瓶”（图 15）。

整个吕氏家族墓群中出土了很多耀州窑的瓷器，不单单是这一件梅瓶，还配有梅瓶使用的酒盏、盘、碗（图 16），还有很多茶具和香具等（图 17）。

耀州窑是宋金时期陕西最重要的窑口，在宋代八大窑系中也占有非常重要的一席，与定窑、钧窑、磁州窑称霸北方。不同的是，耀州窑以刻花青瓷烧制为主，不似定窑之白釉，也不似钧窑之窑变，更不似磁州窑之彩

图 16 北宋 定窑白釉台盏
陕西省考古研究院藏

图 17 北宋 景德镇窑青白釉熏炉
陕西省考古研究院藏

绘，独树一帜，享誉一时。耀州窑在北宋时期以刻花装饰为主，后期才出现了印花与素器。古籍里形容耀州刻花的精彩叫“刀刀见泥”。犀利的刀工，洒脱的纹饰，加上橄榄绿色的衬托，非常符合西北人的审美。难怪吕氏家族的人死后，墓葬里大量陪葬有耀州窑的器物。

在出土的这批耀州窑器物里，许多盘碗类的口部都镶制有一圈金属口（图 18）。关于瓷器口沿为什么镶制金属口这件事，长期困扰着我们。过去一直认为，之所以镶制金属口，是为了修饰瓷器的缺陷，比如定窑、景德镇窑里覆烧的器物，口沿无釉，一圈涩口，吃饭、喝酒的时候使用起来很不舒服，另外看起来也不美观，所以才有人想出来镶制一圈金属口的方法。但也有人认为，镶制金属口的器物大部分胎体很薄，尤其口沿在使用时很容易磕碰，为了保护瓷器，让它更加经久耐用，所以镶制一圈金属，起到保护的作用。

但是，从吕氏家族墓的出土文物中我们发现，这批镶制金属口的器物口沿都是满釉的。所以说镶制金属口是为了修饰瓷器涩口的缺陷，这个观点是

图 18 北宋 耀州窑青釉六瓣葵口银扣碗 陕西历史博物馆藏

站不住脚的。既然不是为了修饰缺陷，那古人为什么要在这些瓷器口部镶制金属呢？我认为很可能就是为了装饰，是一种时代的流行。就跟现在年轻人穿裤子都喜欢把裤腿挽起来一样，我年轻那会儿就不流行这个，那会儿挽裤脚就是为了干活儿。吕氏家族墓出土的这批带有金属口的器物，口沿金属都做得比较宽，显然是一种时尚，以此为美，不然没必要如此夸张。再有，瓷器镶制金属口，也可起到保护的作用，减少使用中的磕碰带来的影响。

陕西蓝田吕氏家族是当地的名门望族，尤其当中的吕大临，更是被誉为“中国考古学的先驱”，是今天考古界的“祖师爷”。可惜如此重要的墓葬，最终也没有躲过盗墓贼的光顾。吕富平自己就是蓝田吕氏的后人，本应该负起看守和保护祖坟的责任，却为了区区小利，就盗挖了自家的祖坟，想想真让人觉得可悲。他被判死缓也是罪有应得。

在很多人眼中，考古也是挖人祖坟，和盗墓没啥区别，但其实这都是对考古工作的误解。现代考古是从西方引进的，其意义在于了解历史，了解过去的文化，让我们更能看清楚当下。现在我们不断地重犯历史上的错误，就是因为不够了解历史。

了解历史有两种途径，一个是文字，还有一个就是通过文物。文字比较抽象，文物就具象得多，我们可以直接通过实物来了解历史。通过对地下文物的发现，直接触摸历史，从中汲取营养，可以对我们当下的生活有所帮助，甚至起到精神指引。

当然，无论我们通过读书还是科学的考古，最终也不可能真的从时间、空间上走回去。还是李商隐《锦瑟》最后说得好——“此情可待成追忆，只是当时已惘然。”

078

清乾隆·掐丝珐琅冰箱

故宫博物院藏

扫码听我讲
国宝故事

这件国宝是一对掐丝珐琅的冰箱，一对就是两个，老百姓家的冰箱一个就够，这为什么要成对呢？因为这冰箱有极强的陈设性，中国古典美学的一个基本原则就是对称，所以这冰箱得左边一个，右边一个。这对冰箱是乾隆时期宫廷制造的，现藏故宫博物院（图 1）。掐丝珐琅我们说过，就是大名鼎鼎的“景泰蓝”。

图 1 清乾隆 掐丝珐琅冰箱（一对） 故宫博物院藏

古代冰箱和现代冰箱不同，古代冰箱不使用电，现代冰箱必须接上电，一停电就不是冰箱了，所以叫电冰箱。说起电冰箱的历史，世界上第一台电冰箱诞生于 1918 年，到今天有一百年了，是由美国工程师设计制造的。我国首台电冰箱是在 1956 年问世的，名字叫“雪花”，这名字富有诗意。今天电冰箱几乎家家都有，但诗意没了。

在中国人的概念中，有一点很清晰：柜要有门，箱要有盖。上开盖为箱，横拉门为柜。那么，现在有个问题出现了：我们的电冰箱是横拉门的，为什么叫电冰“箱”呢？答案跟我们的文物有关。我国历史上就有冰箱，它出现的时候是箱形，上开盖，所以叫“冰箱”，非常明确（图 2）。

古时候，冰箱在炎炎夏日已经成为一种奢侈的祛暑器具了。那时的冰箱不用电，而是用冰窖里储存的天然冰块。这些天然冰块当然都是冬天开凿的，将冬天凿好的冰块储存起来，到夏天再使用。用冰消夏这一习俗在我国由来已久，两千多年前的《诗经》中，有一段关于凿冰、存冰以及用冰的诗句，

图 2 清代 柏木冰箱 故宫博物院藏

它是这样说的："二之日凿冰冲冲，三之日纳于凌阴。"这就是说，周人在腊月开凿取冰，正月里把冰储存于凌阴，凌阴是指藏冰的地穴。你现在去西安北郊汉长安城长乐宫五号遗址，就能看到汉代最大的"凌室"，也就是冰窖。

北京也有冰窖。北京的冰窖分为三类：第一类是皇家用的，第二类是官宦人家用的，这两类做得都比较讲究，用砖石砌成拱形的；再有一类就是民用的，民用的冰窖要考虑造价，所以简陋很多，就是挖个土坑存点冰，俗称"冰窖子"。一到夏天，就会有人去冰窖买冰，有钱人买了冰供自家使用，商贩买冰回去做些冰镇酸梅汤、冰奶（冰激凌的雏形），做好了再拿到市集上去卖。

当年，北京城大大小小的冰窖加起来得有数十座。随着社会发展，制冰设备普及，冰窖也就没了存在的意义，民用的冰窖踪迹全无。现在北京市内保留有三处御用冰窖：一处在故宫的慈宁宫附近，称为"内窖"，现在改成了故宫冰窖餐厅；一处在北海公园的雪池胡同，叫"雪池冰窖"；还有一处在地安门附近的恭俭胡同，叫"恭俭冰窖"。

这些御用的冰窖由工部都水司掌管，负责采冰、储冰、用冰等事宜。其实早在周代，就设有"凌人"一职。《周礼》上有记载，当时的周王室为保证夏天有冰块用，专门成立了相应的机构管理"冰政"，因此这一制度是一脉相承的。周王室有了冰块，就解决了食物保鲜的问题。周人祭祀的时候，非常讲究仪式感，献祭的供品必须保证清洁新鲜，因此选用冰镇的羔羊肉和冰鲜的韭菜上供给神灵。这两样东西本身气味就重，稍微有点不新鲜，就能把神灵给熏着，容易得罪神灵。试想一下满屋子臭气熏天，这仪式还怎么进行啊！

仪式完成之后，还要把供品分给亲友们食用，名曰"散胙"，认为这样大家都能得到福佑。吃供品这事儿，现在城市人一听感觉不吉利，其实古人很看重这个。到清朝，几乎每天在坤宁宫杀猪祭祀，然后分给大臣们吃掉，这对于大臣们来说，都是至高的荣耀。今天在一些农村还保留着这一传统，清明的时候，一家人去给祖先上坟，上完坟以后，再把带去的供品统统吃掉，吃得越快越多，越能讨祖先欢心，就越能得到祖先的庇佑。

光有大型冰窖还不够，取用起来不方便，得有合适的容器盛放。最早盛冰的器具叫“冰鉴”。一开始多用陶制的，到了春秋中期，渐渐出现了青铜的冰鉴。冰鉴长什么样呢？1978 年，湖北随州擂鼓墩战国早期 1 号墓出土的“曾侯乙铜冰鉴”，就是其代表物，可谓我国冰箱之祖（图 3）。曾侯乙冰鉴的外形很有特点，铜制的外壁和内壁之间有较大的空间，上面有盖子。把上面的盖子拿开，俯视它的形状如同一个“回”字，这好比今天的暖水壶，有个外壳，还有个内胆。但我们知道曾侯乙墓是在湖北，那地方不大可能有大块的冰，而且曾侯乙冰鉴的夹层比较窄，不大适合放冰，我推测那是放深井水的，井水比较凉，我小时候还用井水冰镇过西瓜呢。

明清以后，木胎的冰箱最为常见，比如有柏木的、楠木的，也有外头包一层红木、黄花梨的。观复博物馆里就有一件清代柏木冰箱，胎里是包锡的（图 4）。今天讲的这对国宝也是木胎的冰箱，胎是木胎，但它的表面是景泰蓝的，还是乾隆皇帝御用的。

这对冰箱每件有六个面，包括盖面均为景泰蓝。露在表面的五面为缠枝宝相花纹，底部的纹饰是寒梅——冰箱与寒梅最为搭配。箱的底部有一小圆孔，是为了冰化以后泄水用的。盖的边缘饰以鎏金，盖面有两个钱文孔，利于散发冷气。冰箱两边有四个提环尤为别致，以二龙戏珠为形，彰显帝王之气。乾隆还为这对冰箱配了底座，都是红木的，四角镶有兽面纹。冰箱整体通高 76 厘米，每件重 102 千克，确实很有分量。

既然说到这对冰箱是掐丝珐琅的，那我们再提一下珐琅工艺。珐琅工艺我曾经给大家介绍过，它源于元代，但传世的实物极少，并不多见（图 5）。

图 3 战国 青铜冰鉴、青铜勺 湖北省博物馆藏

图 4 清代 柏木冰箱 观复博物馆藏

图 5 元代 掐丝珐琅缠枝莲纹龙耳瓶
故宫博物院藏

图 6 明景泰 掐丝珐琅西番莲纹圆盖盒
台北故宫博物院藏

图 7 清乾隆 掐丝珐琅喜上眉梢鎏金翼龙双耳大瓶
观复博物馆藏

到明代中晚期开始盛行，但大多数是瓶、炉、碗、盘之类的小器，搁在桌案之上当摆设（图 6）。到了清代，尤其是乾隆时期，珐琅器已非常广泛了，不仅有小型的陈设品，也有较大器型的生活用具（图 7）。

说起这对冰箱，体量之大，保存又很完整，实属难得。盖沿处还刻有“大清乾隆御制”的字样。本来这对冰箱一直待在宫里，不知度过了多少个炎炎夏日，给乾隆老爷子送去了多少清凉。

故宫里景泰蓝的冰箱并不多，后来这对冰箱传到了溥仪手里，跟着溥仪出了宫，被运到了天津，存在了溥仪的住所，可见溥仪还是挺在意夏天能吃口凉的这事儿的。再后来，溥仪去了东北，最终因为冰箱重达两百多千克，不便携带，便留在天津给卖了，当时的交易情况后人已不得而知。

说起这对冰箱，不得不提到过去天津卫的一位名医——陆观虎先生（图 8）。陆观虎，字汝颐，江苏吴县（今江苏省苏州市）人，出生于 1893 年，1963 年 11 月去世，享年 70 岁。陆观虎生于中医世家，他是清代名医陆九芝的后裔，曾任天津多伦道中医院首任院长，被誉为津门“四大名医”之首。当时天津有个说法，叫“天津，字有华世奎，武有霍元甲，医有陆观虎，曲有王莘耕”。陆观虎善于辨舌用药，且以选药精当、轻灵取胜，一时间

图 8 陆观虎

名声大震。

据陆先生后人回忆，陆观虎医者仁心，一辈子专注给病人看病，有时候甚至免费给穷人看。因为他医术高明，就有富人慕名找他看病，自然有很可观的收入。1930 年代，北洋政府总统徐世昌和他的弟弟徐世章都是陆观虎的病人。有一次，徐世章来看病，两人偶然间聊到文玩古董，聊得很投缘，这才知道二人有一个共同的爱好——收藏，徐世章好藏砚台，陆观虎则偏爱瓷器和景泰蓝。

当徐世章得知有一对景泰蓝冰箱要出售时，就赶紧把这个消息告诉了陆观虎。陆观虎作为中医，中药材以及熬好的汤剂都需要保鲜，假如有冰箱就方便多了，更何况这对冰箱还是掐丝珐琅的。因此，他不惜重金，花了 3500 大洋从古玩商那儿购得了这对宝贝。

1947 年，陆观虎在北京买下了一座院落，全家迁居北京。陆观虎买下的这座四合院，曾是美国“红色记者”埃德加·斯诺的住所。埃德加·斯诺写了本著作，非常有名，叫《红星照耀中国》，又称《西行漫记》。“文革”前，斯诺有一次回到北京，特地重游故居，拜访了陆家人。谁知，日后这竟然成为陆家“里通外国”的证据，1966 年 8 月，陆家被查抄。

查抄这事儿古代就有，最初都是查抄官员，一旦宫廷治罪以后家产没收，就给你查抄了。查抄有个规矩，必须有个清单，连查带抄，所以叫“查抄”。比如，明代严嵩被抄家的时候，因为家产太多，记录的字数越来越多，最后列出的清单总共有六万多字，变成了一本书，书名叫《天水冰山录》，也就是“太阳一出冰山落”的意思。

当年查抄陆家的时候，陆观虎已经不在世了，这对冰箱一直由他的女儿陆仪保管。这对冰箱虽然漂亮，但特别占地儿，家里没地儿搁。还有一点，这对冰箱不实用。陆观虎先生故去了，再也用不着给药材保鲜了，冰箱就沦为储物用具，也就是往里面搁点杂物。这有点像我们现在家里装修的时候，非弄一个大浴缸，结果用不上，最后只好堆放杂物了。

据陆家后人回忆，家中的古玩字画一夜间全没了，所有的瓷器被当场砸碎，这对国宝级的冰箱自然也难逃一劫，从此就没了踪影。幸亏陆老先生没看到这一幕，否则肯定会非常心痛。“文革”结束后，查抄办将此前从陆家查抄走的东西陆续退了回来，唯独不见这对冰箱。

陆仪女士为了追寻这对冰箱，费尽周折，终于在 1985 年 11 月初，接到北京市东城区查抄办公室的通知，要她前去认领。这对冰箱就搁在东城区党校的地下室里，好在它们依然完好地展现在陆家人面前。由于太沉，当时没办法拉回家去。陆先生的遗物失而复得，全家人特高兴，当时就商议处理办法。

经过一番简单的商议，全家人一致认为，此物原本就是清宫旧藏，并且家里地方小，不好放置，要不还是捐给故宫博物院吧。于是，陆仪之子，陆观虎先生的外孙潘大卫，代表全家又来到了党校地下室，填了一张捐赠单。可没想到的是，这张捐赠单的去处是“北京市文物局”，由于潘大卫不懂，误以为文物局和故宫是一个单位，等事后到家一打听，才明白捐错了。

这下可把潘大卫急坏了，事不宜迟，他又赶紧找到当时故宫文物管理处的处长梁金生，把原委一说，梁先生听完很感动，立刻就找来一辆大卡车，拉上宫里的一位搞珐琅研究的老先生和几个小伙子，直奔党校地下室。打开门，两件半人多高的景泰蓝冰箱立刻展现在眼前。就这样，这对冰箱跟着梁先生一行人隆重“回宫”了！北京市文物局本来挺高兴，房间都给打扫清理出来了，准备迎接这对景泰蓝冰箱，谁知被故宫捷足先登了。

陆家捐赠景泰蓝冰箱的那年，恰逢故宫博物院建院六十周年，正好一个甲子。这对东西出宫呢，大约也有一个甲子，它又回来了。1999 年，新中国成立 50 周年的时候，故宫做了一个新中国成立以后入藏的文物展，其中隆重收录了这对冰箱。这不仅是故宫的荣耀，也是陆观虎家族的荣耀。

079

清·圆明园十二水法铜兽首

中国国家博物馆、保利艺术博物馆藏

扫码听我讲
国宝故事

这件国宝出自圆明园。

圆明园大家都知道，是一座极其奢华美丽的清代皇家园林，有着“万园之园”的美誉。那么这圆明园是怎么来的呢？

清朝是一个由满族人统治的朝代，清军入关以前，生活在东北这片地区，大都过着渔猎的生活。从气候上来说，东北是比较冷的，到了夏天，气候也比较凉爽。北京虽然处于北方，但是夏天的天气要比东北闷热得多。当清军进到山海关之后，统治了中原，定都北京，紫禁城皇宫红墙黄瓦，高大的宫墙显得更加密不透风。虽然有护城河的水在流动，但起不到什么降温的作用，所以一到夏天就特别憋闷。

这些满族的皇帝一想到关外那自由凉爽的生活，就很不适应北京的夏天。而且据说康熙皇帝一热就会起疹子，于是他就开始琢磨：不能在紫禁城里待着了，太憋闷，还犯疹子。那去哪儿呢？这地儿不能离北京太远。离紫禁城二十多里外的海淀就有这么一块地方。海淀，听名字就知道这地方水多。这块地方花草树木茂盛，到处都是水，于是皇帝便选择在这里建造一座能够娱乐消遣的离宫，是为畅春园。

在畅春园的北边，有一个小型花园，那是康熙赐给他第四个儿子胤禛，也就是后来的雍正皇帝的，这就是圆明园的雏形。

等到 1722 年，雍正即位后，就把自己的园子大修特修，进行扩建，还在那里修建了正大光明殿（图 1）、军机处这些办公场所。扩建后的园子基本形成了圆明园的主要格局，拥有将近200座宫殿，面积达到了3000亩。

到了乾隆皇帝登基，清朝进入了一个鼎盛时期，财政力量比较充足，乾隆皇帝就更加大兴土木，将圆明园的面积又扩大了许多，并且还建造了各种不同风格的建筑。乾隆本身就极其富有诗情画意，他比较喜欢南方的园林，所以就在圆明园里修建和南方园林一模一样的园子，可以说圆明园汇聚了南北方园林艺术的精华。历经清朝帝王一百五十余年的创建和经营，圆明园最终发展为以圆明园、长春园和绮春园为主，以分布在东、西、南

图1 清乾隆 《圆明园四十景图之正大光明》 法国国家图书馆藏

三面的众多小园为辅的一座大型皇家宫苑，占地面积 5200 亩，建筑面积达 20 万平方米，150 余景，有“万园之园”之称。

在圆明三园中，长春园的北墙界内建有一座仿欧式园林，俗称“西洋楼”，由十余座西洋建筑组成。西洋楼景区呈倒“T”形，东西总长约 860 米，西部南北宽 300 米，其余宽只有 65 米，总占地面积约 100 亩。西洋楼的面积在圆明园中所占比例不到 2%，属于一个很小的局部。从位置角度来讲，西洋楼也没那么重要，整个圆明园占地大致是一个菜刀的形状，西洋楼在菜刀把的位置，翻过西洋楼的院墙就出圆明园的地界儿了。西洋楼建成的时间也晚一些，那么，当时乾隆皇帝为什么要下令建造西洋楼呢？

首先，圆明园里有很多中式的东西，比如有名的“圆明园四十景”，皇帝都玩腻了。再加上明清两朝，特别是清康熙朝以来，宫廷内活跃着众多西方传教士，他们成为中西文化交流的重要媒介，为皇帝打开了了解西方的渠道。据说乾隆十二年，乾隆皇帝从传教士那里看到了西方园林景色和喷泉的图片后，非常喜爱，就命传教士郎世宁、蒋友仁等人设计监造了西洋楼。

在西洋楼的建设中，大水法的应用成了至关重要的一部分。其实，在西洋楼修建之前，圆明园内已有水法原理的应用了，如圆明园的“水木明瑟”殿和“西峰秀色”就引用了泰西水法。“泰西”古代指欧洲，意思是这东西是从欧洲传来的。西洋的水景和中国传统的水景完全不同，西洋水景需要极大的动力装置，也就是大水法。所谓“水法”，听着洋气，实际上是个中国词，说的就是用水的方法。中国传统的水景讲究曲院风荷、小桥流水，宜曲不宜直，追求的主要就是一个“静”字。而西洋水景就截然不同了，喜欢热闹，大量喷水。公元 17 世纪，这种大型喷水池在法国和意大利都极受欢迎。

早期的水法应用和西方传统的喷泉有所差别且规模较小，在中式风格

图 2 大水法原貌（铜版画）

的园林中建造一个西式的水法也不协调。于是郎世宁便在西洋楼里模仿欧洲，建造了一个大水法（图 2）。我们这回要说的国宝——圆明园十二水法铜兽首——就是这个大水法的一部分。

一开始，郎世宁根据欧洲的习惯，设计了大量的人体喷泉。但是，在乾隆皇帝看来，这些东西不能照搬——不雅。在当时的中国，女人暴露肌肤都不符合道德规范，更别说在皇帝的离宫里建造裸体女人的雕塑了。于是，郎世宁改变思路，改作具有东方传统文化色彩的兽面人身像。由于十二生肖的形象自古就有，与中国文化非常贴切而且具象，他就按此设计并铸造了十二生肖铜兽首，构成兽面人身水力钟。这十二个生肖形象带有明显的西洋风格，主要体现在造型都比较逼真，毛发都清晰可见。

中国传统雕塑中，设计动物造型的时候都不注重塑造毛发，即使带毛的动物，其毛发也只是塑造成一个简单的菊花旋儿等等。比如你去颐和园看它的大铜牛，那就是没有毛的（图 3）。此外，这组雕塑中，生肖牛的角是冲前的，有点斗牛的样子，而中国传统雕塑中的牛，角都是冲后的，

图 3
颐和园昆明湖畔铜牛

这也是一个明显的中西方文化不同的地方。具体的制作过程，我们今天并不是很清楚，但极有可能这东西是在国外完成后再运过来的，因为当时大量铜版画都是在欧洲做，做好后再运回中国。还有说法认为，当时的铜兽首一共做了两套，一套使用，一套备用，一旦出现问题还可以换新的。过去有谣传说，另一套在中南海。我觉得这事不太可能，因为当时的中南海并没有像现在这么重要。

我们前面说了这十二水法铜兽首在西洋楼前。这西洋楼的中心建筑是一座“工”字楼，这个楼就是供水用的，楼的东西两头是提水用的水车房，中段平台楼下有高台，台上砌着蓄水池，蓄水池边还包着大锡板，所以俗称“锡海”。一次可蓄水多少呢？160 吨。说白了，它就是一个水塔，向水法供水。

院子的正中间是一个喷水台，十二生肖雕塑就位于此。石台南岸为子鼠、寅虎、辰龙、午马、申猴、戌狗；北岸为丑牛、卯兔、巳蛇、未羊、酉鸡、亥猪。这组十二生肖雕塑的头部都为铜质，身躯为石质，中空连接喷水管。水管选用的材料都是最好的铜管，铜管贵重；今天我们都用PVC，用塑料，因为比较便宜。

这些雕塑兼有两个功能：装饰和报时。每个时辰中，相应的生肖就会自动喷水。比如我们以马首为例：马为午马，到了中午11点到13点的午时，就会从马嘴里喷出水来，提示宫里的人：现在的时辰是午时，该干吗就干吗去。正午时分，也就是12点时，十二个生肖会同时从口中喷出水来。清宫档案中说，所有喷泉同时打开的时候，水法之声音，几里以外都可以听到。但是，喷水的时候声音太大也有问题，皇帝在欣赏水法时听不见别人说话，无法交流心中的喜悦之感，所以用了一段时间就提不起兴趣了，水法也就被闲置了。

闲置以后，他们忽略了一个问题——北京冬天很冷，管子很容易冻坏。再加上乾隆三十九年（1774年），设计水法机械装置的法国传教士蒋友仁病逝，当时没人知道水车从低处打水往高处送的技巧，这技法就失传了。后来，每逢乾隆爷要游园时，小太监们就忙坏了，只能汗流浃背地提水上楼，等皇帝驾临时，再开闸放水。

这里我们说说北京为什么不容易造水景呢？其实这是个简单的问题——北方太冷，冬天会上冻。造景用的石头都得取那种饱吸水分的，深秋下一场透雨，石头吸满了水，一上冻以后，石头就很容易发生爆裂，一到开春就得重新修缮。还有一个原因，我们中国人看外国的东西，多是一时新鲜，热度持续时间有限。举个例子，改革开放初期，房地产商都愿意给自个儿的楼盘取洋名，比如“威尼斯小镇”“罗马花园”“意大利风情”等等。但今天，人们更愿意取“梅兰竹菊园”“福禄寿喜园”之类的中国名字了。道理都是一样的。

到了 1860 年，英法联军进入圆明园时，大水法其实已损坏多时，大约乾隆晚期它就坏了。对当时的欧洲人来说，尽管没见过兽首，但铜做的一些雕塑在欧洲还是比较常见的。说起来这东西就是因为做得细致，符合西方人的审美，于是，尽管这东西非常重，很难搬运，最后还是被英法联军一股脑地运回了欧洲。万园之园的圆明园只剩下了残垣断壁（图 4）。

运是运走了，但相对于同样出自圆明园的现藏大英博物馆的东方艺术馆中的东晋时期大画家顾恺之的《女史箴图卷》（图 5），法国军事博物馆里的乾隆皇帝御用甲胄、战盔，法国巴黎枫丹白露宫中国馆里的金曼扎、景泰蓝（图 6），这些真正具有中国历史文化的文物，十二生肖铜兽首并没被太当回事儿。

到了 1985 年，这事儿过去一百多年了。美国的一个古董商在加州棕榈泉别墅花园内发现了牛、虎、马三个兽首。其中，牛首被放在浴室中挂浴巾，另两尊铜首被当成普通的园艺装饰品散置在花园水池旁。这些兽首是如何从欧洲到了美洲呢？我们不得而知。古董商和主人协商后，每尊铜像以 1500 美元购得。这些兽首才有了再一次走进大众视野的机会。

图 4 大水法今貌

图 5 东晋 顾恺之《女史箴图》（唐摹本） 英国大英博物馆藏

图 6 我在法国枫丹白露宫中国馆

图7 清乾隆 圆明园牛首、虎首、猴首、猪首铜像 保利艺术博物馆藏

在近年来的拍卖会上，这些流转中的兽首一次又一次地拍卖出惊人的价格。作为圆明园的象征物、中西文化交融的见证物，十二生肖兽首的价值、意义早已不是当年可比的了。过去，我们面对一件文物，更多的是考虑它的艺术性，但今天，文物的社会性和历史性也需要得到更多重视。

至今为止，圆明园大水法中的十二生肖兽首已有七件回归中国：牛首、

图 9 清乾隆 圆明园兔首、鼠首铜像 中国国家博物馆藏

图 8 清乾隆 圆明园马首铜像 北京市圆明园管理处藏

图 10 被拍卖的疑似圆明园龙首铜像

猴首、虎首和猪首铜像收藏在保利艺术博物馆（图 7）；马首铜像目前收藏在北京市圆明园管理处（图 8）；2013 年 4 月 26 日，法国皮诺家族在北京宣布将鼠首和兔首无偿捐赠给中方，现收藏于中国国家博物馆（图 9）。早些年有消息称，龙首目前在台湾保存完好，但没有公开，我们没有机会看到。前段时间有疑似龙首的雕塑拍卖，但并未提及圆明园相关字眼，真

伪难辨，尚存争议（图 10）。而蛇首、鸡首、狗首、羊首至今下落不明。

历史就是这样，留有很多遗憾。十二生肖兽首自出现至今不过两百多年，但它们却经历了中国帝制的崩盘、民国的动荡和新中国的诞生。文物有一种天赋属性，肩负文化责任与民族情感，十二生肖兽首以亲身经历讲述了这样一个曲折的故事。

080

商·皿方罍

湖南省博物馆藏

这件国宝我先不说全称，你们可以根据我讲述的线索慢慢来判断。这有点儿烧脑。

这是一件青铜制作的器皿，方形，有盖。1922 年，大雨过后，湖南桃源漆家河镇——桃源，就是桃花源，是湖南常德市的一个县，常德古称“武陵”。既逢桃花源，就有故事发生：一位农人从地里看庄稼回来，走着走着，就在路边水沟里看见一件黑不溜秋的东西。他捞起来一看，是个大铜罐，浑身刻满了纹饰。虽然他不知道是什么，但觉得放米还是挺好的，于是拿回了家。

农人捡到大铜罐的消息不胫而走，越传越远，越传越神，越传知道的人就越多，结果湖北一位姓石的商人就闻讯赶来了。姓石的商人，咱们且称他为“石商人”。

石商人看了这大铜罐以后，当场出价 400 银圆要买下，这 400 银圆在当时是不得了的价钱。结果这时，农人的大儿子回来了，见有人出这么多钱，心里就犯嘀咕，于是他拿着大铜罐的盖子去附近的学校找校长，请校长帮忙看看这是个什么东西。校长姓钟，钟校长一看，说：“这不得了，此乃古物一件，还是非常罕见的那种。”大儿子一听，就说有人出 400 银圆来买它。钟校长马上就说：“我加一倍！你把这盖留下，回去把罐身拿过来。”读书人就是读书人，有决断，有智慧。但读书人有时候也是个商人，而这商人还是一个精明的商人。押下一个盖子，以防有变（图 1）。

这可把大儿子高兴坏了，一路跑着回去，刚进家门就大声嚷嚷，说：

“哎哟，这东西有人出800银圆了！”你想啊，这石商人还在呢，商人多精明啊，听风就是雨，知道事情要变，撂下400银圆，抱起罐身就走了，说：“盖子我先不要了。”

从此，这大铜罐就身首异处，盖子和器身分了家，传奇就此开始。

只得到一个盖子的钟校长并不甘心，就去找当地的驻军团长周磐。周团长在当时当地算是最有权力的人物了。钟校长请周团长帮忙缉拿奸商，讨回器身。巧的是，石商人也托人请周团长帮忙，想以高价买下那盖子，事成以后还会以重金酬谢。这让周团长有点儿为难：钟校长那边人情大，可石商人这边呢，给的钱多。一开始，周团长想帮钟校长，还他一个人情，但石商人给的钱实在是多，他又有点想要钱，左右为难。最后，周团长脑子一进水，两边的忙都没帮。

石商人不死心，继续往上找，找到了常德市的贺师长。官大一级压死人，这时钟校长就怕了，不想惹祸上身，就再次找到周团长，说：“我呢，愿意将这件盖子上交，条件嘛，就是您帮我修葺一下校舍。”周团长一听，还有这等好事？很痛快地就答应了，给了钟校长一笔修缮经费。从此，这

图1 皿方罍盖

盖子就归了周团长。

你想啊，经过这么长时间的来回折腾，肯定有更多的人知道了这件大铜罐。不知怎么传的，就传到了北京。北洋政府当时是段祺瑞执政，段祺瑞就下令追缴此物。时任湖南军政首领的赵恒惕扬言，一定要把这件东西追缴至省政府保管，好给段祺瑞献礼。县官不如现管，拿着盖子的周团长采用了拖延战术，一拖再拖，就拖到了 1926 年的北伐战争。北伐一开始，就没人顾得上和平时期的承诺了，这事儿慢慢就搁黄了。

时光荏苒，岁月如梭，转眼二十多年过去，新中国成立了。1952 年，

图 2 商代 皿方罍 湖南省博物馆藏

周团长在交代自己历史的时候，详细叙述了这盖子的来历并把它交了出来。1952年4月，湖南省人民政府副主席金明亲自将盖子交给省文物管理委员会，并嘱咐要妥善保存。到了1956年，省文管会就把这个盖子移交给了省博物馆，收藏至今。当时的馆长高至喜曾多方打听器身的下落，但一直没有结果。

说到这里，应该告诉大家这件国宝是什么了，这就是大名鼎鼎的商代青铜器——皿方罍（图2）。

罍，是青铜酒器的一种，出现于商代晚期，流行于西周与春秋。造型以圆的居多，方的少见。“罍”字，上面三个“田”，下面一个“缶”，看着挺复杂，写起来很容易。记住了，这个字念“léi”，二声。说到这儿，咱们需要了解一下青铜酒器的分类和用途。青铜酒器简单地分为盛酒器和饮酒器两类。饮酒器，就是用来饮酒的，有爵、角、觚、斝、觯等（图3）；盛酒器，就是用来存放酒的，有尊、方彝、壶、卣、觥、罍等（图4）。

判断青铜器的价值有这么几个因素：方的比圆的稀罕；一般来说，单个的比成对的稀罕；有铭文的比没铭文的珍贵。你看皿方罍全占了，它是方的、单个儿、有铭文。铭文是什么呢？盖上写的是“皿天全父己作尊彝”（图5）。什么意思呢？“皿”是姓，是商代的一个大姓；天全是名字；作，

图3 西周 小臣单觯 上海博物馆藏

图4 西周 青铜兽形觥 山西博物院藏

图5 器盖铭文

是制作；父，是父亲；己，是父亲的庙号；尊，表示敬重；彝是酒器。大概意思就是说，皿天全为他父亲做了一个盛酒器，表示纪念。也正是根据这些铭文，才命名它为“皿方罍”。皿是制作者，方是器型，罍是功用。

皿方罍，通高84.8厘米，器身高63.6厘米，重达51.5千克——这石商人当年抱着它也挺重的。盖是庑殿顶形，器身长方口，直颈，高圈足。以云雷纹为地，饰有兽面纹、夔龙纹、凤鸟纹。肩部两侧装饰双耳衔环，正面腹部下方有一个兽首的鋬，四面边角及各面中心均有突起的长条装饰（图6）。皿方罍高大、富丽堂皇，是迄今为止出土方罍中最大、最为精美的，被称为“方罍之王”。

知道了国宝是皿方罍，咱们还得继续追踪器身所在。前面说过，周团长只是上交了罍盖，罍身遍寻无果。那么，罍身又经历了怎样的动荡坎坷呢？这就要回到湖南省军政首领赵恒惕追缴的时候。

拿着罍盖的周团长采用了拖延战术，那拿着罍身的石商人呢？则“三十六计，‘脱手’为上计”。你想啊，拿枪的军人不是那么好说话的，一不小心

图 6 皿方罍局部

脑袋就得开花。捧着烫手山芋的石商人就赶紧把它变了现，以巨款卖给了上海的大古董商李文卿与马长生。你要问了，怎么可能一物两卖呢？这里涉及一个行话，叫“伙买”，就是合伙购买。一件古董要价太高，一个人承担不起，那就找人搭伙儿，可以五五开。如果一方手头不够宽裕，那就四六开、三七开，甚至二八开，按比例来。等转手盈利的时候，就按比例分成。

那李、马二人将器身卖给了谁呢？卖给了巴尔禄。巴尔禄是一个中德混血儿，父亲是德国人，母亲是中国人。巴尔禄是 1877 年生人，十几岁的时候就在一家煤炭公司做秘书。到了 1895 年，甲午海战爆发，煤老板一害怕溜了，留下巴尔禄照管公司。真是祸兮福所倚，巴尔禄就此发迹，成了腰缠万贯的大商人。

有了钱的巴尔禄就开始收藏。那时节，在中国的外国人，一个顶一个，可劲儿地追求中国艺术品。1908 年，上海举办中国艺术展，巴尔禄全程投入帮助组织。不仅出钱，还拿出相当数量的私人收藏品。1910 年，巴尔禄离开上海，定居伦敦。在折返伦敦与上海期间，他依旧大量购入中国藏品。

罍身就是他那时从李、马二人手中买到的。后来巴尔禄举家迁往加拿大的时候，觉得这罍身太笨重了，携带不方便，就转手让给了纽约的一个古董商，没多久，这东西就被转售给了法国的卢芹斋。你看，又是卢芹斋，无孔不入，无处不在！自此，罍身再无踪迹，江湖上只剩一个传说。

直到 1992 年——距皿方罍的发现已过去了七十年，身、盖也已经分开了七十年。已故的上海博物馆原馆长、著名青铜器专家马承源先生在出访日本时，很偶然地见到了皿方罍的器身。

2001 年，皿方罍的器身意外地出现在纽约佳士得的春拍上。闻者风动，当时的大藏家都希望能竞标成功，上海博物馆、保利艺术博物馆也筹集资金参与，但仍准备不足，最后被一位神秘的法国人以近 925 万美金的天价拍得，这价钱当时创造了中国青铜器在国际拍卖市场的世界纪录。

老话说得好：风水轮流转，今年到我家。很快，法国人扛不住了，2014 年，皿方罍的器身再次出现在纽约佳士得春拍。从 2001 年到 2014 年，正是中国经济发展最迅猛的十几年。在此期间，国人的腰包鼓了，有了充足的资金储备。国际上的大藏家也乏力竞争。因为大家都知道永远也拿不到罍盖，湖南省博物馆不会转让罍盖的。在这种情况下，为了稳妥，采取了另一种方式，叫“私洽”。私洽是拍卖行的另一个业务，就是私下洽谈，双方愿意，拍卖行为中间人。皿方罍的私洽由佳士得做中间人——毕竟拍卖过那么多的中国文物，佳士得也很乐于促成此事——通过跟买、卖双方的接洽、谈判，最终以 2000 万美金达成了协议。

2014 年 6 月 12 日，美国纽约佳士得正式将器身移交给中国。6 月 28 日，漂泊了近一个世纪的商代青铜器——皿方罍的器身与器盖在湖南完成合体，从此身首合一，被湖南省博物馆永久收藏。

皿方罍，虽然经历了百年动荡，但终归聚合，功德圆满。但大多数文物都没有这样圆满的结局，所以我们更应该珍惜每一件中国文物。

081

唐·武惠妃石椁

陕西历史博物馆藏

2006 年 2 月，一起惊世盗墓案成功告破，收缴唐代文物一百多件。这是一个等级非常高的唐代墓葬，而罪犯和办案人员在破案后都不知道墓主人是谁。在陕西省文物工作者的努力下，一座隐秘千年以上的唐代皇后墓——敬陵，开始显露出真容。在被盗文物中，最重要的一件国家一级文物——武惠妃石椁，在四年以后，即 2010 年 6 月 17 日，被成功从美国追回。这是中国首次从海外追回的体量最大、色彩保存最好的国家一级珍贵文物，意义重大。如今，这个石椁静静地陈列在陕西历史博物馆（图 1）。

图 1 唐代 武惠妃石椁 陕西历史博物馆藏

“棺材”是一种统称，棺椁则显示出死者的地位。棺椁制是古代表示死者身份和等级的棺葬制。椁，就是棺材外面套着的大棺材。今天要讲的这件国宝就是武惠妃石椁，重达 26 吨多。如此体量巨大的石椁，是如何被盗掘并送到海外的？又是如何被成功索回的？这武惠妃又是谁呢？解开这些谜团的一个重要线索，竟然是从一个移动硬盘里来的，这里面有盗墓现场的照片。这也是司法机关最终定案的重要依据。

主犯杨彬，可谓专业摄影师兼文物大盗，也可以说是文物大盗兼专业摄影师。他 1963 年出生，原本是西安电影制片厂的摄影师，爱好摄影，后来开始痴迷文物，会给每件东西建立完整的影像档案。他最初的目的很简单，就是增强文物来源的说服力，以图卖个好价钱。2004 年 6 月至 2005 年 5 月期间，杨彬的盗墓团伙每次开挖都组织严密，分两路，一路负责挖，另一路负责望风，到当地派出所和公安局蹲守，以及在现场附近的公路巡逻。他们最大的本事就是建立了一个集盗掘、盗卖、修复、贩运和走私一条龙的专业犯罪网络。尤其是他自己的文物修复工厂，很多原材料直接从美国进口，在他的概念里，要做就做最好。而他的女朋友恰巧在美国给他帮助。杨彬经常研读文物考古专业的书籍和杂志，与文物领域的专家联系紧密，背后有“学术”支撑。他当时号称西安地下文物走私界的“老大”，黑白通吃，能呼风唤雨。

杨彬盗墓集团进入警方的视线则是一个意外。2006 年，西安警方本来在侦破一起普通案件，犯罪嫌疑人意外地把杨彬给供了出来。警方在搜查杨彬的住所时发现了一个移动硬盘，里面有盗掘古墓全过程的照片，照片里有一个巨大的石椁，一看就知道墓主人身份显赫。

武惠妃的陵墓叫敬陵，位于西安市长安区大兆乡庞留村西侧，坐北朝南。墓上有巨大封土，南北长 53 米，东西长 56 米，高 19 米（图 2）。墓葬形制是斜坡甬道，有 7 个天井，天井井口是长方形的，墓道北端第七个

图 2 敬陵

天井长达35米。墓道、甬道和墓室都有壁画，被盗墓者揭取了共68平方米。现场还发现了一块不规则的三角石，有一面明显是新茬儿。这块石头是在搬运中，因为石椁太重，被撞击后掉下来的，当时没有人在意。但恰恰是这个被撞落的石角，成了后来跟美国买家谈判并成功追回石椁的关键证据。

在墓室甬道的顶端，是蓝、红彩画的祥云和仙鹤。墓室东壁是一幅大型全景壁画，有笔墨勾勒的山水，稍有残损，但十分罕见。南壁分为两部分：西侧原有的昆仑奴牵牛图现在完全损坏，旁边保存较好的两位红衣男装仕女图被盗墓者揭取；东侧完全残损，从留下的痕迹看就知道绘的是人物。北壁分两部分：左边是一男装仕女穿青衫戴幞头，拱手站立；右侧画下方残损严重，上方残存的六组杂技图中，人物姿态奇特，为首次发现（图3）。

这座墓在陕西省开始官方考古发掘时，里面的文物基本都已被盗空。根据资料记载，这座墓在唐代可能就被盗过，这在《新唐书》中有记载。从残留的壁画中，我们可以看到画工的优美。比如墓室北壁杂技图，内容

图 3 敬陵壁画

图 4 哀册残块

可与文献所记“唐玄宗开元、天宝年间百戏盛会”相互印证，也是历史上首次发现。墓室南壁的昆仑奴牵牛图，反映了盛唐时期中国与南亚、非洲的交往情况。

在这座墓中还发现了哀册。哀册就是歌颂帝王、后妃生前功德的文书，多刻在玉、石、木、竹上。哀册上写有“贞顺”二字，其中“贞”字完整，“顺”字只有上面的部分（图 4）。考古挖掘期间，有村民主动送给考古队一合青石墓志铭，上面写有“陪瘗于敬陵宠”，这成为确认该墓是敬陵的证据。墓主人就是历史上大名鼎鼎的唐代贞顺皇后武惠妃——唐玄宗李隆基的宠妃，她的姑祖母就是武则天。可以说，没有武惠妃就没有杨贵妃。为什么呢？这事情有点曲折。

敬陵中的武惠妃，本是武则天的孙侄女，自幼被武则天抱养在宫中。武则天死后，武姓一族被清洗和贬黜，武惠妃被废去皇族身份，沦为宫女。后来，她遇上了唐玄宗，历史就发生了改变。他们俩相遇的时间，正好是唐代全盛时期的起点，这个起点就是李隆基除掉太平公主，君临天下的那一年。从此改纪年为开元，史称“开元盛世”，是中国古代史上最为繁荣昌盛的时期。

据说，唐玄宗是在给王皇后祝寿的晚宴上，在群舞的宫女中注意到了这个女孩。按武则天去世和唐玄宗登基的时间推算，那时的武惠妃差不多十七岁左右。唐玄宗在见到她几天后的一个晚上，忽然传她进入大明宫，几天后即赐封她为婕妤。婕妤在后宫位列三品，但已有资格侍奉皇帝。

这件事惊动了朝野，不是因为一个地位极低的宫女被破格提升，或事发突然程序从简，而是因为这个女孩是武则天亲手养大的血亲。武则天专政于朝，把李姓皇帝褒贬于股掌之间，最终废唐自立，取而代之。事虽已过，境却未迁，满朝文武反对武家人重返后宫，其中最感不安的还是皇后。皇上纳一小妾本不是什么大事，但武氏才艺过人，貌美如仙，分宠难免。最大的问题是当时皇后还没诞下任何子嗣，很难堪，而武惠妃在被赐封当年就生了一个男孩，这在整个后宫都是一件大事。

在中国封建王朝的历史上，皇后没有子嗣，是宫廷之变、政治动乱的直接诱因，这就意味着杀戮。不到一年，武惠妃生下的这个男孩就得怪病死了。开元二年（714 年），武氏再次生下一个男孩，皇上爱不释手，赐名“敏”。同年冬天，李敏又得怪病死了，皇上封他为怀哀王，武惠妃从此一蹶不振。开元四年（716 年），武惠妃再生下一女。第二年春，女儿再告夭亡，皇上赐封上仙公主。至此，武惠妃后代无一幸免。

武惠妃生下的第四个孩子，居然又是儿子，起名叫李清。在未满月时发现有刺客要刺杀，最后刺客全部被斩杀，唐玄宗开始相信的确存在一个针对武氏的谋杀集团。武氏产下第四个孩子后，哭求玄宗把儿子秘密送到宫外抚养。她虽得皇帝独宠，但出身武家，无论皇亲国戚还是满朝文武，对祸乱李唐王朝几十年的武家都心有余悸。皇帝给她的宠爱越多，她在宫中就越孤立。

唐史记载，唐玄宗将皇子李清，也就是后来的寿王李瑁，交给自己的大哥宁王李成器秘密带出大明宫，寄养在宁王府。后来唐玄宗要求正式立武氏为后，遭群臣反对，有的甚至以死相谏。但是，唐玄宗作为历史上最痴情的风流皇帝，名不虚传。尽管他在群臣反对的声浪中被迫选择妥协，但他随后采取的动作，狠狠地发泄了他的愤怒和委屈。玄宗诏告天下，册封武氏为惠妃。“惠妃”不是一个名号，而是一个职爵。皇帝宣布：惠妃为后宫之主，宫中所有待遇等同皇后。唐明皇用这样一个前所未有的特殊安排，对群臣干预他的“爱情”做出了强烈反击，让反对立后的大臣们毫无办法。十几年前由宁王抱出宫门的王子李清已经长大成人，改名瑁，封寿王。他的母亲——无冕之后武惠妃为李瑁选了一个民间女孩为妻，赐给这女孩一只白色的玉环作为订婚之礼，这个女孩就叫杨玉环。

获封之后，武惠妃在后宫越来越有势力，有计划地找人散布谣言。宫中先是传出某些内臣内卫企图造反的消息，皇帝开始采取措施，加强保卫。公元737年，也就是开元二十五年，武惠妃找到了一个受太子党信任的人给太子李瑛、光王李琚、鄂王李瑶传递口信，说宫内有人犯上作乱，请太子联合两位皇子进宫清除乱党。三人迅速带着人和兵器进宫，这时武惠妃告诉玄宗：“太子跟二王要谋反！他们穿铁甲进宫了！”皇帝命禁卫军将太子及李琚、李瑶等扣押，太子被废。这就是历史上著名的“三王事变”，标志着开元年间后宫之战的终结，也标志着唐代鼎盛时期的结束。之后，武惠妃由于害死太子兄弟三人心理崩溃，不久就变得疯疯癫癫，自己把自己吓死了。

公元737年，武惠妃病逝，被追认为皇后，谥号“贞顺”，以国母葬之。唐玄宗非常忧伤，思念难以排解。而杨玉环不仅在外貌上酷似这位婆婆，且琴棋歌舞样样精通，才艺方面毫不逊色。几年后，唐玄宗另赐美女给儿子李瑁，把儿媳杨玉环在道观过渡了一下，再封为贵妃，从此在情感上替代武惠妃。杨贵妃原本是唐明皇的儿媳，而且和他的亲生儿子已有五年的

图 5 石椁内壁局部

夫妻生活，这样的事实在令今天的人颠覆三观。而后世因为有白居易等文学大家的歌颂赞美，这才成为千古美谈。

多年后，杨玉环凭借大诗人白居易的《长恨歌》留名千古，武惠妃反而几乎被人遗忘。武惠妃和身边的人虽然都是皇亲国戚，但荣华富贵始终觉得不够。你有多想拥有荣华富贵，保住地位，你身边就有多少陷阱和阴谋、烦恼和恐惧，这就是武惠妃的历史。

想当年，武惠妃贵为“皇后”，身份显赫一时。一千多年后的今天，由于墓中的石椁被盗运至美国，她的故事再次名扬海内外。不论高度还是宽度，这件石椁都是目前所知唐代石椁中最大的，也是彩绘色彩保存最完好的，对研究唐代的建筑、绘画、陵墓制度都具有重要价值。

石椁原位于墓室的西南部。在面阔三间、进深两间的庑殿顶形石椁上，遍布多种浮雕图案，彩绘保存完好，非常罕见。石椁正面是模拟的门窗、浮雕的花卉，以蓝、绿、红等颜色装饰。背面、侧面为线刻彩绘折枝花卉。在石椁的内部，椁板上是线刻彩绘的贵妇、仕女像，两人一组，姿态各异，面部等处使用白色粉底，墨线勾勒，并使用红色妆点嘴唇和额头（图 5）。石椁顶部，模拟雕刻成庑殿顶的形状，有屋脊和瓦楞，内部涂青绿色彩绘，有云气、仙鹤等图案。其余如廊柱等处，整体均刻有减地线刻缠枝花卉，其间装饰乐伎、凤凰等图案。

这么大的石椁怎么能被盗走呢？为了盗走巨型石椁和壁画，在长达一年多的时间里，杨彬盗墓团伙先后六次进入墓葬，把重达 26 吨的石椁拆分打包，分批运到广州，走私到香港，由一位香港人联络美国买家，最后以 100 万美金的价格卖到了美国（图 6）。

自打盗墓的事情败露之后，杨彬被捕。警方拿到证据，与美国买家谈判，对方先发制人，提出归还石椁的条件，要我方补偿他的经济损失，因为他已经给杨彬支付了 200 万元人民币，同时要求不能对罪犯杨彬加重刑

图 6 犯罪分子盗掘敬陵时拍摄的将墓中石椁打包运往地面的情景

图 7 犯罪分子盗掘敬陵时拍摄的墓室内情景

罚，后来又提出以捐赠的形式归还，我方都坚决拒绝了，重申石椁被盗出境的性质，追索不是捐赠，要求石椁必须无条件归还中国，否则将会启动国际司法程序追索石椁。之后，警方多次与其沟通，美国买家派了代理人迈克到西安，迈克对被盗的敬陵进行了实地考察，感到很震撼，他表示回国后将尽快说服美国古董商归还石椁。2010 年 3 月 4 日，警方收到了同意将该石椁无条件归还中方的邮件。石椁于 3 月 7 日从美国装箱运往中国，4 月 17 日运抵广州港，4 月 30 日平安运抵西安。

在鉴定中起关键作用的一张照片，是犯罪分子拍摄的石椁上的仕女图（图 7）。仕女图的背景恰恰显露出了墓室墙壁上的壁画，它们之间形成了空间上的印证关系，经过比对，和实际完全相符。而最终印证这件石椁被盗的关键证据，是盗墓者在拉走石椁时，撞落下的那个角，这个角和被盗的石椁完全能够接合。为此，这些参与盗墓和销赃的人都付出了应有的代价，应了那句古语："天网恢恢，疏而不漏。"

082

商·青铜饕餮夔龙纹瓿

美国大都会艺术博物馆藏

中国青铜器的造型非常复杂，名称更复杂，有好多字都非常生僻，比如今天讲的这件青铜器叫“瓿”[bù]。这个字本意是一个瓦器、陶器，是古代用土烧造的一种瓮，最初用以盛酒或水。后来出现了同样造型的青铜器，名字就沿用下来，至今还叫“瓿”。在古代的亚洲大陆，我国商周时期的青铜艺术最为辉煌。这里要讲的这件国宝，是公元前 13 世纪商代的青铜器，现收藏在美国大都会艺术博物馆，是该馆入藏的第一件商代青铜器（图 1）。

图 1 商代 青铜饕餮夔龙纹瓿 美国大都会艺术博物馆藏

人类最早使用的铜是自然铜。在伊拉克发现了公元前 10000 年至 9000 年用自然铜做的装饰品；在伊朗西部，使用自然铜做装饰品的时间是公元前 9000 年或 7000 年；在埃及是公元前 4000 年。但纯铜本身过于软，用铜和其他金属制成的合金会比纯铜坚硬很多，这就是青铜。中国商周时期的青铜古称“吉金”或“金”，这是一种文学的称谓。

在人类技术发展的阶段中，使用青铜兵器和工具的时代就叫“青铜时代”。这一概念是丹麦人克·吉·汤姆森首先提出的。我国的青铜时代是从公元前 2000 年左右形成的，经历夏、商、周，约十五个世纪。在商晚期和西周早期，青铜制造作为生产力发展的标志达到高峰。在古代世界，中国首先成功掌握了铁器铸造技术。铁器铸造要求铁矿石被完全熔化直至呈液体状，这需要多高的温度呢？ 1535℃，但铜只需要 1083℃。而当时世界上其他地方只有锻造铁器，对温度要求较低，大概需要 1100 ~ 1150℃就可以了。在中国的战国晚期，冶铁业的突飞猛进，标志着青铜铸造将要被取代（图 2）。汉代虽呈现出青铜铸造的余晖，但总体的趋势仍是衰落。

瓿这种器型盛行于商代中晚期，一般装饰平缓，且多失盖。但大都会

图 2 春秋 金柄铁剑 宝鸡市考古研究所藏

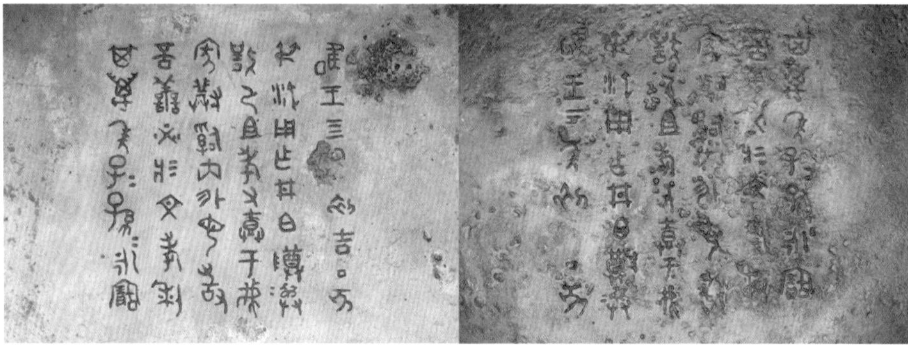

图 3 铭文

这件比较特殊，首先，这件是带盖的，盖上有花瓣形钮，盖面有三组倒置的饕餮纹。束颈，颈部有两周弦纹，肩部有三个兽首，每个兽首两侧对称夔龙纹加一个小夔凤纹。腹部有三个大饕餮纹，两侧填夔龙纹。腹部和圈足衔接的地方有三个孔，圈足为三组夔纹组成饕餮纹，饕餮纹两边有小夔龙。还刻有西周的铭文，这铭文是后刻的（图 3）。大都会的这件青铜瓿尺寸非常大，高 54 厘米，直径也有 50 厘米左右，一直以来都是大都会博物馆所有青铜器中尺寸最大的，是件非常重要的青铜器。目前已知全世界最大的瓿为日本东京根津美术馆藏的亚矣瓿，高达 62.4 厘米。

无独有偶，在 2017 年 3 月 15 日纽约佳士得拍卖的日本藤田美术馆的旧藏中，有一只商代晚期的瓿，高达 57.2 厘米（图 4）。美国宾夕法尼亚考古与人类学博物馆的一件商代晚期的青铜瓿，高 45.7 厘米，除了尺寸不同，这两件的器型、纹饰和细节十分接近，都呈现“水银古”的皮壳，应该是一组（图 5）。而这两件瓿与大都会的这件十分相近。妇好墓出土的青铜器中有三件瓿，其中两个带盖瓿，尺寸较小，高约 33 至 34 厘米，这俩是一对（图 6）；还有一件较大的，高达 47.6 厘米，与一起出土的这对瓿相比，纹饰稍有区别（图 7）。在 1941 年宾夕法尼亚大学发表的《大学博物馆中国藏品：主要藏品手册》中提到，妇好墓中的三件瓿，与宾大和

图 4 商代 青铜饕餮纹瓿
2017 年 纽约佳士得

图 5 商代 青铜饕餮纹瓿
美国宾夕法尼亚大学考古与人类学博物馆藏

图 6 商代 青铜饕餮纹瓿
中国社会科学院考古研究所藏

图 7 商代 青铜饕餮纹瓿
中国社会科学院考古研究所藏

藤田美术馆旧藏青铜瓿应是一组。如果照这一说法，大都会这件青铜瓿就是妇好墓这一组中的一件。可时间到了 1976 年，在震惊世界的妇好墓考古报告中，否定了以上说法，认定妇好墓没被盗过。

大都会博物馆收藏第一件青铜器的时间是 1879 年，距今一百多年。当时的清朝政府大臣张荫桓前往英国参加完女王庆典，又去了纽约。在纽约参观完大都会博物馆后，他赠送给博物馆一件青铜壶，底下铸有铭文“汉”。当时老外不懂，以为它是一件高古青铜器，后来才知道是明清时期复古、仿古风气造出来的“晚期青铜器”（图 8）。这件事过去了三十八年，1917 年的时候，美国企业家 J.P. 摩根捐赠给大都会博物馆一件青铜瓿，这才是大都会博物馆收藏的第一件真正的中国高古青铜器，距今刚过百年。

提到大名鼎鼎的 J.P. 摩根（图 9），大多数人首先想到的是富可敌国的摩根大通集团。其实它最初并不是摩根家族创办的，而是由美国企业家、

图 8 清康熙 铜仿古兽面纹方壶
美国大都会艺术博物馆藏

图 9 J.P 摩根

图 10 乔治·皮博迪

慈善家乔治·皮博迪创办，他也是迪美博物馆最重要的赞助人。迪美博物馆是后来新翻译的名字，以前就叫皮博迪博物馆。美国大企业家都留下了著名的文化设施。

1795 年 2 月 18 日，乔治·皮博迪出生在美国马萨诸塞州的一个贫穷家庭（图 10）。早年他靠做小买卖糊口，之后涉足银行业，1837 年搬去英国伦敦，逐渐成为一名叱咤风云的银行家。因为乔治·皮博迪没有直系子嗣，1854 年，他就把资产转给 J.P. 摩根的父亲斯宾塞·摩根，1864 年成立摩根大通集团。20 世纪初，摩根已经投资了美国为数不少的大型企业，影响力遍布金融和政界。

1837 年 4 月 17 日，J.P. 摩根出生于美国东北部康涅狄格州的首府哈特福德。在那个时期的美国富人中，摩根属于比较罕见的类型，基本都是在国外接受教育。1848 年，J.P. 摩根入读哈特福德公立学校及美国圣公会学院，三年后成功通过波士顿英格兰高校的入学考试，该校专门教数学以培养商业人才。毕业后，家人送他去了瑞士，在那里他又学会了流利的法语。之后他又被送去德国学习德语和艺术史，六个月就完成了学业，毕业后返回伦敦。你们看，J.P. 摩根的教育背景太强大了！

1857 年，J.P. 摩根进入了父亲掌管的位于伦敦的分公司，第二年又去了纽约的分公司。多年的发展中，摩根有过许多合作伙伴，接管困境中的公司并重组的过程被称为“摩根化”。至 1900 年，在 J.P. 摩根的领导下，摩根集团成为全世界最有影响力的金融机构。摩根在金融领域最惊人的成就包括：1895 年，他以挤兑黄金的方式提供贷款，挽救了美国政府的信用；1901 年，他组建了美国首个 10 亿美元资产联合企业，如美国钢铁公司等；1907 年，美国遭遇金融危机，纽约主要银行处于破产边缘，摩根联合几位私人银行家巧妙地把基金转投高风险领域，避免了证券交易所倒闭。当危机过去后，大家意识到未来的危机中不可能再出现一个摩根，于是在 1913 年，美国银行业和政治领袖建立了联邦储备系统。有人说，摩根本人就是美国非官方的中央银行。

然而，对于这个时期的大多数美国人来说，J.P. 摩根是傲慢自大的富豪统治的化身。他身材非常高大，肿胀的酒糟鼻呈紫色，由于这个原因他不喜欢拍照。摄影师爱德华 · 斯泰肯说：“与摩根的眼睛相遇，像遭遇特快列车前的大灯直射，让所有的生意伙伴不寒而栗。”摩根在金融领域叱咤风云，但他的成就并不被外界理解，对此他都一笑了之。

J.P. 摩根不仅是金融帝国的缔造者，也是狂热的艺术品收藏家。他为人特立独行，生活方式不像美国人，更像欧洲人，从不随波逐流。作为一个商业银行家，他极富影响力，从 1890 年起，他把超过百分之五十的收入用于收藏艺术品。他去世的时候，人们发现他的财产只有六千多万美元，加上价值五千多万的艺术品，共有一亿多美金资产。以当时他控制的资源和财产来看，这个数字让人难以置信。以至洛克菲勒评价他说：“这样看来，他甚至算不上一个富人。”实际上，摩根是一个有情怀的资本家，他把一生中赚的钱大量地赞助给了各种艺术机构，包括美国自然历史博物馆、纽约大都会艺术博物馆、格罗顿学校、哈佛大学等等。

摩根的收藏以欧洲中世纪的古书、盔甲、古典绘画、钟表、瓷器等著称。他喜欢直接征集别人的收藏，曾去欧洲一批一批地买下那些成系列的重要藏品，他说：“当我能连锅端的时候，何必为一件小玩意儿费劲呢？”据说他买东西的方法有点吓人，他曾对一个古董商说：“我会在你原先的买入价上加一成，你付了多少钱？”有人指责摩根把艺术品推到了普通藏家买不起的高价。可是他总说：“对于真伪没有问题的精美艺术品，价格永远不高。”实际上，摩根这种“趸买”的方式是一种降低购买成本的便宜方法，因为时间成本对于他来说太高了。

《华尔街之子摩根》一书里，描述了摩根庞大的艺术收藏王国。这里写道：“他操纵着20世纪初帝国的天秤，好像要占有世上一切美好的东西。”然而，摩根大多数收藏都贡献给了美国大都会博物馆，他也是大都会博物馆的主要创始人之一，曾任博物馆的董事和馆长。

在1902年，摩根担任博物馆的董事期间，他征集了两千多件中国瓷器。这批瓷器已经在大都会展览了几年，是银行家詹姆斯·加兰借过去的。博物馆一直希望加兰能捐赠这批瓷器，但直到加兰1901年离世时还没有任何承诺。这时，著名的古董商亨利·杜维恩以50万美元买下了这批瓷器，第二天早晨，摩根就从杜维恩那里把瓷器买回来放在了大都会博物馆展览。从那时起，加兰的藏品再也没有离开过大都会博物馆，只是变成了人们所知的摩根收藏。

摩根担任博物馆董事长期间，博物馆的运营经常有7万美金以上的赤字，不过他好像不大在意，经常在会议上公布亏空数额，然后围着会议桌转圈，用他那深邃的目光逐个儿审视在座的董事，直到赤字被抹平。不过，摩根自己拿出的支票数额永远是最大的。

在摩根的管理下，博物馆的观念发生了翻天覆地的变化。在此之前，大家都只承认欧洲的博物馆是最好的，而摩根使大都会博物馆不再对欧洲同行低头顺目。当时的博物馆有两种模式，一个是英国的 V&A，也就是维多利亚与阿尔伯特博物馆，当年叫南肯辛顿博物馆，以工艺美术收藏为主；另一种就是卢浮宫，以古典艺术收藏为主，绘画比较强。随着中美贸易的扩张，美国人看到中国艺术有非常辉煌灿烂的一面，也看到中国的古老文明和西方的文明是不相上下的。摩根在这个时候提出，我们不仅要像卢浮宫或者南肯辛顿博物馆那样收集藏品，更要收集世界各国的文物，包括亚洲文物。于是，大都会博物馆的收藏重点转向了伟大的精品原作，转向那些老欧洲渴望拥有却不敢放手的珍品，严格剔除所有不达标的藏品。博物馆董事会未来的目标“不再是收集美物和展示，更不是汇集毫不相关的古玩，而是组建不同国家、不同时代的文物精品，按照他们的关系和顺序最广泛地阐释艺术，让教育简明易懂、富于启示，引领民族发展”。看到这段话我就想，这是我自己过去常遇到的问题。我们遇到这些问题，去很多博物馆是无解的，但是去大都会博物馆就能够得到答案。

摩根很重要的一个计划，是买入了一批紫禁城的皇家收藏。1913 年，摩根从一位美国外交官，也是袁世凯四国借款的重要参与者那里收到一份密报：“机密。中国皇帝打算卖掉一大批皇室珍宝以填补日用，包括珍珠、青铜器和陶瓷等。还有清代避暑山庄和周围寺庙中曾经收藏和使用过的器物。”这些均为清历代帝王御用品和皇家寺庙用器，其珍贵程度绝不亚于紫禁城中的珍宝。这位外交官直接告诉摩根，他是首选买家，如果想买就尽快回复。还说，摩根可以先付定金，然后把这批皇室珍宝送到伦敦估价，选好再付款。另有一封电报里提到袁世凯也参与了这笔交易。

1911 到 1913 年间，是清王朝覆灭和民国初始。清王室根据优待条件居住于紫禁城中，但由于没有了赋税收入，在优待条款中承诺由“中华民国”拨付的每年400万两费用也从未如数给付，他们只能依靠变卖宫中的古董珍玩度日。其间，由清宫内务府主办的拍卖会和竞标活动中，最大的顾客就是英美的银行家、古董商和日本的山中商会等。

那么，这件商代的青铜器是如何流散到国外的呢？在殷墟进行科学发掘之前，各国的博物馆和藏家已经收藏了很多商代晚期的青铜器，大多是通过各种渠道流散到国外的。其中有殷墟的盗掘品，也有各地非考古发掘所得，或是八国联军占领北京时抢掠，还有清代主要金石收藏家的重要青铜器大多被直接卖到国外。进入20世纪后，中国的古玩店通过国外的公司，使流散的和非法盗掘的商晚期重要青铜器流散到欧美、日本等地，这一情况一直延续到1950年代初期。这件商代青铜瓿，应该就是那个时期流出国外的，最后被J.P. 摩根收藏，在他去世后捐赠给大都会博物馆。

J.P. 摩根于1913年3月31日在意大利罗马的睡梦中过世，享年75岁。之后遗体被送回纽约，华尔街降半旗以示敬意。J.P. 摩根的巨额遗产由他的儿子杰克·摩根（小摩根）继承。《华尔街日报》曾这样评价：“上帝在公元前4004年创造了这个世界，J.P. 摩根在1901年重新组织了这个世界。”

在J.P. 摩根去世后，部分西方艺术品陈列在纽约的摩根图书馆。他的儿子小摩根1924年把摩根图书馆改为公共机构，对大众开放以纪念父亲，并留任他父亲的私人图书管理员科斯塔·格林作为图书馆的首任馆长。格林聪明、坦率、美丽，她既喜欢波希米亚式的不羁方式，又能优雅地游刃于社会名流之中。她告诉小摩根，她的目标是让这个图书馆和藏品成为最卓越的。格林一直在这里任职四十三年，在1948年退休，两年后在纽约去世，她把一生都献给了摩根和这些藏品。

摩根去世留下的另一批藏品也捐献给了美国大都会博物馆。当时，博物馆中大约 1/6 的器物源自摩根的捐赠，今天仍然陈放在以摩根命名的展厅。1914 年，当摩根的藏品在大都会博物馆展出时，公众震惊了，参观者趋之若鹜，美国人还从没见识过如此丰富的艺术财富。在成为那个时代最伟大的金融家后，摩根又在艺术界获得了全胜。

一个金融家，世俗的看法是他本应与艺术无关。但由于从小受到了良好的教育，他对艺术有一种天然的亲近感，这种早期的教育给人带来的好处是显而易见的。在我们今天的中国，很多人从小就受到了很好的艺术教育，这让我们看到了中国的未来。

083

北齐·娄睿墓壁画

山西博物院藏

扫码听我讲
国宝故事

这回讲的这件国宝出自山西，山西是我国文物第一大省。

文物分两类：可移动的和不可移动的。可移动文物是指我们经常把玩的东西；不可移动文物是指建筑物和墓葬等，比如故宫，比如我们讲过的满城汉墓，都属于不可移动文物。我国现有文物保护单位四千多家，其中山西就占了四百多家，将近 10%，大大地超过了人们印象中的陕西、河南这些历史大省。比如西安是西周、秦、西汉、新莽、东汉、西晋、前赵、前秦、后秦、西魏、北周、隋、唐这十三朝的古都，按理说文物古迹应该最多，但为什么没有山西多呢？这是因为山西特殊的地形特征。整个山西境内山脉纵横，和周边的省份都有山河隔断。山西境内的山有太行山、吕梁山、恒山、五台山等，水有黄河、汾河、桑干河等。这样的地理条件，使山西在历史的改朝换代中受到的影响最小，保存下来的文物也就相对较多。

位于太原的晋祠是山西最著名的文物古迹之一，在《晋祠志》中记录：“晋祠南五里许，晋王岭有大墓二，南一北一。当地群众俗称‘王墓’。”在晋祠向南五公里远的地方，有两个小乡村——王郭村和牛家村。这里地处吕梁山余脉，两个村子中间有一道小土岭，人称“晋王岭”。在晋王岭上有两座高大的墓冢，一南一北，千百年来像两座小山似的一直矗立在那儿。按周围村民祖辈流传下来的说法，这可能是晋王墓，但也不确定。还有一种说法，这里是北齐丞相斛律金之墓。因为《太原县志》上记载“斛律丞相墓在县西南十五里”，大概也就是这个位置。“斛律”这个姓氏源

图 1 北齐东安王娄睿墓近景

于敕勒族，后融于鲜卑族。“敕勒川，阴山下。天似穹庐，笼盖四野。天苍苍，野茫茫，风吹草低见牛羊。”——这首脍炙人口的北朝民歌便是斛律金丞相译成汉文的。“斛律”这个复姓现在基本上没了，后代改为单姓斛。

关于这个“王墓”的秘密在1970年代终于被揭开（图1）！1972年，王郭村村民在一次施工中发现了这座古墓。他们在墓门口挖了一个10米的大坑，墓道两壁已经露出了壁画，画上的人马都非常漂亮（图2）。几个胆大的人打着火把进入墓道，发现里面一片狼藉，有满地的文物碎片和一个腐烂不堪的棺材，墓室中阴暗潮湿，怪味扑鼻。这些人不敢久留，就上来了。后来文物管理部门知道了，动员大家保护文物，这些村民就把挖出来的土全部回填，但方式太野蛮了，最后还用拖拉机在上面轧了好几遍，以致墓道门口的壁画都被毁坏了。

到了1979年春，改革开放开始了，这座古墓才被考古学家再次关注，并依照斛律金墓制定方案组织发掘。可惜的是，这座墓历史上已经数次被盗墓者光顾，损毁严重，需要马上进行抢救性挖掘。过程虽十分艰难，但最终还是找到了一块墓志，确定了墓主人的身份——北齐东安王娄睿之墓，

图 2 娄睿墓墓道及东西壁壁画出土情况

图 3 娄睿墓志

并不是丞相斛律金的墓（图3）。娄睿的墓等级也很高，壁画精美，随葬陶俑、瓷器数量众多。那这娄睿究竟是谁呢？

北齐是南北朝时期的北朝政权之一，皇室姓高，所以也称“高齐”。历经高洋、高殷、高演、高湛、高纬、高恒六帝，享国二十八年，人均也就是四五年。这六位皇帝中，高洋、高演、高湛为一母所生，他们的母亲就是历史上的传奇女子娄昭君。娄昭君为东魏权臣高欢的正妻，她为高欢生了六个儿子、两个女儿。六个儿子中有三个当了皇帝，一个被追封为皇帝，两个女儿都是皇后，堪称有史以来最牛的母亲。

我们这里讲的娄睿就是娄昭君的侄子。娄氏是山西大同的鲜卑贵族，娄睿的曾祖娄提，是北魏的真定侯。史书说他“雄杰有识度，家僮千数，牛马以谷量”，就是说他们家的牛马多得像谷粒。娄睿的祖父是怀朔镇司徒，掌管籍田，征发徒役，就是管田又管人。怀朔镇是军事重镇，北魏时期的六镇之一，可见娄睿祖父的权力还是很大的。娄睿的姑母娄昭君，史书说她自幼聪慧，有主见，成年后，好多名门望族都想娶她，但她都没同意。有一天，娄昭君无意中看到一个在城墙上干活的士兵，大吃一惊，说：“这才是我的丈夫呢！”此人正是高欢，相貌堂堂，仪表不凡。正史载，高欢“目有精光，长头高颧，齿白如玉，少有人杰表”。这让娄昭君一眼就看上了，她与高欢私订终身，父母也没办法，只好同意。婚后，娄昭君从嫁妆中拿出很多钱财帮助高欢招兵买马，高欢的人生从此飞黄腾达。高欢的美貌遗传到了孙辈，历史上有名的美男子兰陵王就是他的孙子。

我们再说回娄睿。娄睿自幼丧父，被叔父娄昭抚养，又极受姑母娄昭君的喜爱。娄睿喜欢骑马射箭，技法高超，便被叔父和姑父带在身边历练。高欢信都起兵，娄睿一路跟随，不负家族众望，屡立战功。北齐建立后，娄睿被封为骠骑大将军、大司马、东安郡王，权倾一时，仅次于北齐王。

娄睿自小在叔父的严格教育下，钻研军事，确有才干。公元563年的

冬天，一场大雪落在古老而繁华的晋阳，伴随严寒紧逼的是一场生死考验。北周与突厥组成的三路大军会师晋阳，准备攻城。晋阳是北齐王朝的陪都，高官云集，经济发达，文化繁荣，正所谓“霸业所在，王命是基”。刚刚继位两年的武成帝高湛日夜兼程，驰援晋阳，但没想到敌人来势汹汹，还那么强大，自己就动了弃城而走的念头。

镇守晋阳的，正是东安王娄睿与河间王高孝琬，两个人苦苦相劝，武成帝才下决心死守，任命娄睿统领六军。在娄睿的统领布防下，北齐将士斗志昂扬，军容整肃，这才让武成帝放了心。突厥人看到北齐军训练有素，步调一致，根本就不像北周人说的混乱不堪，加上厚厚的积雪不利于骑兵作战，于是不肯出战，联盟破裂，三路大军变为一路。北周军没办法，只好独自杀入晋阳城，结果正中娄睿的埋伏，大败而逃。从这件事中，可以看出娄睿的大将风度，临危不惧，指挥有方，力挽狂澜。

图 4 北齐 娄睿墓壁画 山西博物院藏

然而，娄睿这一生，外戚专宠，纵情声色，横征暴敛，滥杀无辜，历史上对他的评价褒贬不一，众说纷纭。公元 570 年二月，娄睿卒，葬于晋阳娄氏家族墓地。中国人历来喜欢厚葬，薄葬都是因为穷。虽不知当时下葬时埋藏了多少东西，但除了盗墓贼拿走的无数金银珠宝外，仍出土了各类文物 870 余件。盗墓贼都是土鳖，墓中最珍贵的文物反而被留下了，那就是整个墓中的壁画。这批壁画现藏山西博物院（图 4）。

娄睿墓中所有墓道、甬道、墓室内的墙壁都施以彩绘壁画，共 81 幅，200 多平方米。画面高 1.5 至 1.7 米，主壁画高 2.9 米。整个场景气势恢宏，犹如一幅绚丽多彩的画卷。壁画内容分为上、下两层，下层表现墓主人生前的官宦生活，上层表现墓主人死后飞仙升天的场景。

我们先从下层的官宦生活说起。画面描绘了墓主人日常的出行、归来、宴事等奢华场面。其中“出行与回归图”内容最为精美，在墓道的东西两壁，

图 5 娄睿墓壁画 “出行与回归图”之鞍马郊游图

以大小幅对称排列，共 28 幅，小幅在前，大幅在后，两人导骑，多人主骑（图 5）；“仪卫图”有 25 幅，多分布在甬道、墓室的下层墙壁，有歌舞乐伎、鞍马侍从（图 6）；“内苑生活”有 6 幅，分布在墓室的四壁下层，描绘出娄睿夫妇宴享行乐的场面（图 7）；“飞仙升天”分布在墓门、甬道、天井、墓室的上层墙壁，共有 13 幅，表现了墓主人的佛教信仰和迷信思想（图 8）；“祈神驱鬼图”9 幅，有神鬼鸟兽、青龙白虎、十二生肖、星座天象、西方极乐（图 9）。总之，应有尽有，各路神仙都来护佑。

我们再来讲几个细节，“出行与回归图”中的前两位，一位端坐在马上，缓缓前行；另一位似乎发现了紧急状况，正勒马回首。马头高昂，前腿却步，后腿猛蹬，受惊之下竟拉出了长串的粪便！这就是现在常说的“被吓尿了”。马拉粪便在绘画史上极为罕见，这组壁画中却至少画了两处，别致入微，一动一静，反映了画师高超的观察事物的能力。

我们再来看看主画面的这组人物。身着红袍的贵族老者悠然前行，为首的侍者缓步回首，像是在请示老者。老者身旁有四人，留心于主人的一言一行。最后面的两人回首顾盼，神情充满警觉。枣红马似乎也受到了惊吓，挺胸欲立，臀部下蹲。画师把人与马瞬间的动态表现得淋漓尽致。壁画中

图 6 娄睿墓壁画 “仪卫图”之持班剑仪卫图

图 8 娄睿墓壁画 “飞仙升天”之仙人骑青龙图

图 7 娄睿墓壁画
“内苑生活”之墓主宴飨图

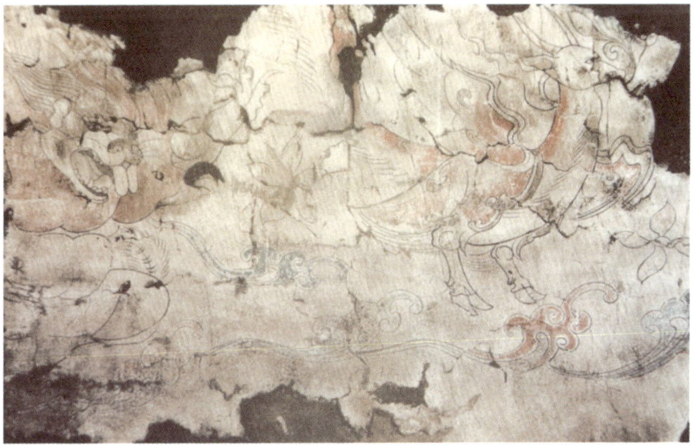

图 9 娄睿墓壁画
“祈神驱鬼图”之獬豸与方相氏图

共出现二百多匹马，神态各异，生动传神。

娄睿墓壁画涉猎事物浩繁，是研究北齐音乐、服饰、内廷、丧葬等礼仪制度的重要例证，也是北朝壁画艺术的代表之作。从娄睿家族显赫的地位估计，壁画应当出自宫廷画师之手，所以有的学者就推测这可能是当时宫廷画家杨子华的作品。史书记载杨子华“居于禁中”，不得皇上同意，不能轻易为民间作画。娄睿一生荣宠，极有可能得到帝后的许可，让杨子华为其绘制墓葬壁画。

2002 年，我国颁布了 64 件特级文物，其中就有娄睿墓壁画。北齐几乎没有留下传世绘画，出土文物也为数不多，娄睿墓的这批壁画堪称南北朝时期的代表作，填补了中国美术史上的空白。我们对美术史了解并不多，今天的美术史都是依照已有的资料完成的，每一次新的发现，都会让我们有机会修订我们自己的美术史。历史就是这样，一层层幕布，一层层面纱，让我们看得清，又看不清。

084

北宋·范宽《雪景寒林图》

天津博物馆藏

这个故事发生在 1960 年代中期的天津，那时候“文革”刚刚开始。在市中心的花园附近，有一个干瘦干瘦的小伙子，穿着朴素，在公园附近溜达。正溜达着，就盯住了一辆三轮车，这车引起了他的注意。

三轮车今天基本绝迹了。你们天天看到的大爷大妈骑着买菜拉孙子的那个，不叫三轮车，叫小三轮。咱们说的这种三轮车全称叫平板三轮车，你要是没学过，它可不听你的。会骑自行车的人都骑不了这三轮车，因为骑自行车的人拐弯不是纯粹用车把，而是带着身体拐，但这种三轮车必须用车把拐。

平板三轮车是 1950 年代到 1980 年代中国大街小巷的主要运输工具，那时候居民搬家基本都靠这种三轮，没人雇得起汽车。我有许多著名的家具，过去都是从三轮车上买的，或者是用三轮拉回来的。那时北京对

图 1 刘光启

骑三轮的人有一个称谓，叫“板儿爷”，说的就是蹬平板三轮车的人。我过去认识好多骑三轮车的，都说自己是搞收藏的，其实一开始就是搞运输的。

一辆三轮车没什么好看的，尤其天津的三轮更不好看，因为天津的三轮是倒着骑的，板在前头，人在后头骑。车上的东西肯定丢不了，还有一个好处是，你坐在三轮上，骑三轮的人方便和你聊天，天津人能侃都是这么来的。可这回故事里的这辆三轮车有什么好看的呢？因为这三轮车上有一车书画。这小伙子是谁呢？他叫刘光启（图 1）。

在天津书画界，这名字大多数人都知道。有人称他为“刘半尺”，意思是说字画打开半尺，他真伪立判。著名的书画鉴定大家徐邦达先生也有“徐半尺”之称。只要鉴定字画的人都可以叫“半尺”，我告诉你，99%的画，半尺就知真假，甚至不需要打开就知道真假，一看那装裱就知道了。好画，往出一掏，两头紫檀大轴，那画准差不了。一般而言，好画，它的装裱材料就好。对鉴定专业的人来说，真正难的是鉴定那 1%，全打开都很难判断。

刘光启是 1934 年生人，12 岁就在北京琉璃厂学徒，新中国成立后又在文物商店工作。咱们讲过，过去的文物商店主要的工作是收，次要的工作是卖。老百姓想把自己的古董卖掉，只有一个途径，就是去文物商店。过去的古董行都是师徒制，都是在未成年的时候去学徒，宜早不宜迟。一般头三年端茶倒水，看师父怎么接待客人，学成以后就跟着师父干，干到自己感觉能独当一面了，提前和师父打招呼，说，师父，我再给您干两年就得走人了。不能说走就走，招呼都不打，没这事儿。比如故宫博物院的孙瀛洲先生，早年是在琉璃厂做买卖的，他带了两位弟子，一位叫赵嘉章，一位叫耿宝昌，都是学徒的。文物进出只有文物商店这一个途径，都得从这儿走，所以在这儿看见好东西的机会就多。那时候专业也分得清楚，搞字画的就不搞瓷杂了，所以刘光启肯定积累了很丰富的字画经验。这天，他盯着这车字画，凭感觉就知道这里有好东西。

正好，这蹬三轮的人累了，停下来歇着，刘光启赶忙上前搭讪："您歇会儿啊？"这不明知故问吗？人家也不会理他呀！我们和陌生人搭讪，第一，姿态要低，不能说你是个鉴定家，人家是个蹬三轮车的，你就说："嘿，干什么呢？"这样谁还理你啊。你得说："呦，师傅您上哪儿去啊？"得问这种不疼不痒的话，不能往深了问。如果往深了问，你说："师傅，您这东西准备拉哪儿去啊？"那就不行了。套磁最大的套路就是"咱俩好像见过"，但这套路今天不好用了。我这有一个现成的说法教给你，你换种说法，叫"咱俩见过吗"，把话丢给对方。人家说"没见过"，你就说："那这次咱不就见了吗？"这是一种套磁的方法。

但其实，刘光启一直盯着的是三轮车上的一个蓝布画套。好画都有一个画套，就跟好剑似的，都有剑套。这画套的签上写着"雪景寒林图"，这是古画中常画的一种景色。古人爱画四季，都有寓意，雪景就是孤寂。蹬三轮的也不理他，人家一踩脚蹬，走了。但刘光启不想错过，骑上自行车悄悄在后面跟着，他就想知道这东西要往哪儿去。大约跟了几里地，到了和平区营口道 130 号寿德大楼，这车停了。一打听，那是当时的天津财政局仓库。你一听这地儿就重要，放这些东西就保险。刘光启高兴坏了，他觉得那可能是从张家查抄出来的东西，这东西到了财政局仓库，就算没丢。

刘光启怎么凭一个画套，就知道这是张家的收藏呢？这事不神。过去大收藏家的包装都是自己家请专人做，都是统一的。比如过去上海龚心钊所有收藏的包装都是他家里做的，是特意选料，特意找人，特意设计的风格，他们家包装上的签都是一个人写的，统一的小楷。明白人一看包装就知道是他们家的东西。

那这位张先生又是谁呢？他就是大名鼎鼎的张叔诚。他的父亲叫张翼，是晚清洋务运动的重要人物，当过工部右侍郎、总办路矿大臣、开滦煤矿督办，这在当时都是要职。清政府京津地区的煤矿供应都在张家手里，所以张家的财力非常雄厚。民国后，张翼隐居天津。他所收藏的书画、瓷器、玉器很多，甚至还有钻石呢！而在琉璃厂学徒的刘光启，早早就知道天津张叔诚家有一批字画，其中有一张范宽的，从来秘不示人。所以当刘光启从三轮车上看到《雪景寒林图》的标签时，职业敏锐度一下子就让他觉得那可能是从张家查抄出来的东西。

这《雪景寒林图》是北宋的一幅山水名画，国家一级文物，作者是范宽（图2）。这张画为什么这么有名呢？因为它最早就出现在宋徽宗编的《宣和画谱》里。宋徽宗在即位之初就成立了皇家画院，而宣和年间（1119—1125年）正是画院创作达到高峰的时候，而且也是宋徽宗搜罗历代绘画名作的数量达到高峰的时候，《宣和画谱》就是在这时由宋徽宗主持编撰的。宫廷所藏的名画名作都收录其中，著录的作品数量之多、篇幅之大，说它是巨著并不为过。

在《宣和画谱》中出现以后，《雪景寒林图》就消失了，其间大概有六百多年没再出现过。但是，它在明末清初安岐编的《墨缘汇观》里又出现了，画上有几枚印章，其中的“安氏仪周书画之章”和“思源堂”两枚白方印就是安岐收藏的证明。专家们再结合一些历史资料推断，天津的书画鉴赏家安岐花巨资从收藏家梁清标手中购买了《雪景寒林图》。安岐为什么这么有钱呢？因为安岐的祖上是大盐商。他的收藏还有什么呢？展子虔的《游春图》、董源的《潇湘图》，还有王献之、米芾、黄庭坚、蔡襄、范仲淹、欧阳修、王安石这些名家的书记，全都是中国书画史上的名家名作。

安岐收藏后，这幅画的流传就又断了，从清初到清末，跨过了清中期

图 2 北宋 范宽《雪景寒林图》 天津博物馆藏

两百多年。但据说到了光绪末年，这幅画在北京琉璃厂出现过，悦古斋创办人韩慈轩手中有一批字画，其中就有这幅《雪景寒林图》。但它怎么又成了张叔诚家中的收藏呢？这其中发生的故事我们并不清楚，但肯定是张叔诚从他那里买来的。

这幅画在刘光启的眼皮子底下，进了天津财政局的仓库。刘光启一直耿耿于怀，但也无能为力。但世上的事无巧不成书，这人和物件的缘分，有时候你惦记它，它还真能让你碰上。这事呢，我就这么一说，你就这么一听。没过几年，十年动荡就消停了，各地都成立了“文物图书清理小组”。当然，天津也成立了。这小组是干什么的呢？就是把查抄来的这些劫后余生的文物重新整理，做档案。

那时候是1970年代，懂文物懂字画的人太少了，于是在文物商店工作的刘光启就被调到了清理小组。他们当时的工作地点在和平区大理道48号，是一栋洋楼。工作人员有十几个，除了他自己是文物公司出来的，其他人都是从歌舞剧院、梆子剧院、京剧团调来的，只有他懂专业，所以就成了总指挥，查抄的书画都归他管。而那批从张叔诚家中查抄来的书画恰好也转到了他这里。看到这东西的时候，他心里“扑腾”一下。从琉璃厂学徒时惦记看《雪景寒林图》，到看见那画套，再到见着这画，这中间有二十几年的时间。

刘光启开始检查这批字画。这是一张绢本水墨画，长1.94米，宽1.6米。咱们开头说过，这雪景应该是很孤寂的，开卷最显眼的就是一座落了厚厚雪的山峰，画面的最后方，是一片连绵起伏的雪山。画的左边，能看见山腰处还有一座寺庙，围绕寺庙飘着淡淡的雾气。再看画的右边，翻卷着的云雾从天上由隐而显，由虚而实，飘到谷底。这是典型的北方的山水，有范宽山水画的典型特征：高、险、气魄大（图3）。

范宽也是北方人，他是陕西华原人，华原就是今天的陕西省铜川市耀

图 3 北宋 范宽《雪景寒林图》（局部） 天津博物馆藏

州区。对他的生卒没有什么记录，主要活动的时间应该是北宋早期，北宋仁宗天圣年间（1023—1032 年）他还健在。《宣和画谱》中对他的描述是“风仪峭古，进止疏野，性嗜酒，落魄不拘世故”，可知他的个性狂放不羁，也不去争仕途的热闹，也没去考画院。最初他是学荆浩和李成，时间久了觉得老临摹也不是办法，感觉没有出路也没有自己的风格，就天天在外游走，后来干脆搬到山里住了。传说他在山里一坐就是一整天，盯着山看，外面下雪了也不回来，研究雪景，有月亮的话就琢磨夜景，整日就观察山水景致的变化，范宽就这样逐渐自成一家。在北宋时，他的画已经很出名了，《宣和画谱》著录的宫廷收藏中，他的作品就有 58 件，这幅《雪景寒林图》

是大陆收藏的范宽的唯一一件作品。

对于这幅《雪景寒林图》，一直争议非常多，它到底是不是范宽的，到现在也没有定论。因为这幅画本身无款，只是在树中藏着一个“臣范宽制”四字款，但无法证明这是范宽的亲笔，因为在唐宋时期就没有那样写款的，很有可能是后来添加的。当时的鉴定大家徐邦达先生、张珩先生、启功先生都参与了鉴定，肯定了这是一幅宋画，而且创作年代应与范宽所处的时代相近。

咱们再讲一个知识，就是书画添款，这在书画中常见。中国画里有很多古画，但这些画没款。没款是什么原因造成的呢？一种是画画的人根本就没署名，还有一种是原来这画是大画，后来裁小了，把款给裁去了。有款才能多卖钱呀，后人为了谋利，就把这款又给添上。添款也有添本人款的，画烂了，款被裁掉了，就把本人的款再添上。现在可没这么修画的了，现在都是要尽可能地保留旧的状态。还有一种，就是裁下去之后，添别人的款——小名头裁下去，添大名头的款。所以这个画就不排除是后添的，但即便这张画不是范宽的，也是张宋画，就已经是国宝了。

北宋山水绘画有个特点，特别重视画的意境。比如说，四时山水中的“烟林平远”就是从近处的山看远处的山，山林的颜色有明有暗，你的视线也随着山林越来越远，这就有一种孤寂肃然的意境。而且都是大山大水、气势宏大的全景构图。北宋画师也注重师法自然，从画中感受到真实的自然质感和情趣，所以画得也比较细密繁复，像《雪景寒林图》，连在山林间村落里倚在门上的人都画得清清楚楚。而南宋大多是山川小景色，画面柔和，线条婉转，笔迹也就简化了很多，不像北宋那么注重写实。

除此之外，推断它是宋画，还要看它的材料。比如明末有一类书法都写在绫子上，这就是明末独有的，一看材料便知。你再看字迹风格如果也是那时候的，那这东西肯定就是那时候的。专家都能通过材料来判断它的年代，比如唐代用的硬黄纸。看画，首先的客观条件要达到，就是要看画的材料。那么从这幅画绢上看，就能断定它是张宋画，是元代或明代装裱的，但画心是宋代的。因为这画心是三张绢拼在一起的，宋朝那会儿没有巨幅的绢，所以那时留下来的作品都是拼成的，我们讲过的董源的《溪岸图》，就是拼的。

同样，台北故宫博物院收藏的《溪山行旅图》也没有写款，也是在画幅右下方树荫草叶中发现了“范宽”两个字，这款到底是不是范宽所写，也是个谜团（图 4）。有个可能，就是这时候写款并没有形成定式。

目前发现的好多宋画都是孤品，不像元代以后的画，一个人不同时期有好多作品，可以对比真假。我们看齐白石、张大千的画，不同时期风格是不一样的，有大量的画可以拿去对比，确认它到底是不是齐白石或张大千的画。张伯驹先生收藏的展子虔的《游春图》，是另外一种情况。宋元以前很多孤本的画，到底是谁画的，人名只供记录用，没有任何比较的含义，所以我们不必纠结这画到底是不是范宽画的。对于高古书画，最重要的是够不够年份，年份第一。先从客观条件——比如画纸来判断它够不够年份，再来看作者的名头。

《雪景寒林图》自宋代入《宣和画谱》以来，其间几百年的历史，命运多舛。到了张家也就半个世纪，然后赶上了“文革”，被查抄走了。当时张家也不知道这画的下落，就四处打听，听说刘光启是文物清理小组的组长，就托人找到了刘光启。刘光启就说：“这画好好的，在那儿呢，放心吧。”估计张叔诚自己就想，这画当年在我们家的时候，都舍不得拿出来看一眼，现在这东西就这么散了，想来想去，也是悲哀，只好想想古人的话——“宝物聚聚散散，都是命”。

后来到了 1981 年，张叔诚先生已经 83 岁高龄了，惦记着这幅画以后

图 4 北宋 范宽《溪山行旅图》 台北故宫博物院藏

得有一个固定的安身之处，就决定把它捐献给天津博物馆，这才让它成为天津博物馆的镇馆之宝。张叔诚先生在 1995 年以 97 岁高龄去世，生前把他们家的传家宝，变成了国宝。

085

元·青花诗句缠枝花卉纹高足杯

高安市博物馆藏

这回说的这件国宝和酒有关。酒文化在我国有着几千年的历史，自商周起，人们就把酒当作一种极富魔力的饮料。酒，能使人产生一种飘飘然的感觉，能抒发情感，还能表达心境。所以古人说："对酒当歌，人生几何？"今人说什么呢？——"酒逢知己千杯少"。

这件国宝，收藏在江西省高安市博物馆（高安元青花博物馆）内，是一件高足杯（图 1）。这件高足杯上写着一句话："人生百年常在醉，算来三万六千场。"这句话打哪儿来的呢？早在唐代，李白的诗里就有"百年三万六千日，一日须倾三百杯"。苏轼的词里也写道："百年里，浑教是醉，三万六千场。"这件青花高足杯上写的这句，意思跟李白、苏轼写的那两句差不多，但听起来更加豪放，不像唐诗情感浓郁，也不像宋词意境缠绵。这句话说得直白，跟咱们今天饭桌上劝酒的口头语似的——"感情深，一口闷"，这是打元朝人那儿流传下来的。蒙古民族性格豪放，说话也直接，就是告诉大家人生苦短，不过百年，就算天天喝醉也不过三万六千场，有点醉生梦死的意味。

说起这件高足杯，其实它长得有点不像杯，像今天的饭碗，只不过在碗底加上了一个几厘米的把手，这把手上还有四个棱子，正好和四指吻合。它是为了方便游牧民族在草原上一手牵马，一手攥着杯子喝酒用的。不喝酒也成啊，喝酸奶，喝奶茶，都能用。

早在新石器时代，高足杯的造型就已经有了，龙山文化、屈家岭文化

图 1 元代 青花诗句缠枝花卉纹高足杯 高安市博物馆藏

图2 新石器时期龙山文化 蛋壳黑陶高柄杯
中国国家博物馆藏

图3 唐代 青釉花口高足杯
故宫博物院藏

等都有黑陶高足杯出现（图2）。但是从汉代到宋代这段时间里，瓷质的高足杯特别少。故宫博物院收藏了一只唐代的青釉花口高足杯，型制和当时的金银器高足杯类似，可以看出当时的瓷器已经有替代金银器的趋势了（图3）。到了元代，瓷质的高足杯开始流行，成了元代杯类瓷器中最主要并富有时代特色的产品。但元代的高足杯和之前的高足杯有着本质的不同，元代的高足杯要专门拿起来使用，一般不放在桌面上，它底部有把，所以有些文献里也叫它“把杯”。

把杯还有个俗称叫“马上杯”，意思就是在马背上喝酒用的杯子。这种杯子很明显是蒙古草原文化和汉族农耕文明共同作用下的结果。成吉思汗西征，拉开了大元帝国的序幕，蒙古大军在东征西战的过程中，搜罗了大量的奇珍异宝以及先进的工艺技术，其中就包括来自西亚的“哈刺吉技术”，“哈剌吉”就是阿拉伯语中的蒸馏酒。宋代以前喝的酒都是酿造酒，就像我们现在家里的米酒、黄酒一样，度数没那么高。《水浒传》中描写武松连喝十八碗酒还能上山打虎，其实喝的都是低度数的米酒。等到蒸馏酒引进中国，酒精度数一下子就提高了，喝酒让人更迅速地产生愉悦感。拥有一套好的酒具便成了地位和权力的象征，而高足杯和梅瓶在当时属于高档商品，受到人们极力的推崇和喜爱。

在流传下来的众多元代高足杯中，最为著名的就是这回要讲的这件了，它于1980年代在江西省高安县的元代窖藏中出土。高足杯的数量那么多，为什么单单这件最著名呢？是因为它的极其少见的诗文装饰，非常珍贵。

这件国宝的身世不算复杂。三十多年前的一个下午，两位民工在江西第二电机厂厂房的扩建工地上，无意中挖出了这处窖藏。时任高安县博物馆馆长的刘裕黑，立即带领工作人员紧急清理抢救。经过博物馆的清

图4 元代 釉里红彩斑贴塑螭龙纹高足转杯
高安市博物馆藏

图 5 元代 卵白釉印花云雁纹大碗
高安市博物馆藏

理编号，此时这处窖藏共出土文物 241 件，其中瓷器 237 件，残破铜器、铁器 4 件。

窖藏发现后，还有两个小插曲。首先，有人反映该厂的一位工人捡回了一件器物，把它放在办公室桌面上玩耍，并说那件器物很奇怪，手握住把柄，旋转上半部会“轱辘轱辘”地转动，还问别人：“这东西是不是古人用来盛豆腐乳的？”经过博物馆工作人员追回后发现，这是一件出自同一窖藏的釉里红贴塑螭纹高足转杯（图 4）。

事情过去二十多天后，一名 30 岁左右的妇女表示要将家里祖传的一件文物卖给博物馆。工作人员一看这件文物，就知道是二十天前的窖藏出土的，所以该妇女只好将文物上交。经鉴定，这件文物为窖藏出土的卵白釉印花云雁纹大碗（图 5）。卵白釉因釉色似鹅蛋而得名，是元代中央枢密院在景德镇专门订烧的一个种类，所以也叫“枢府釉”。这名妇女就住在离窖藏地不远的地方，当民工发现窖藏时，她趁乱拿走了一件。

窖藏出土的瓷器由 237 件增至 239 件，由此出土文物的总数由 241 件增至 243 件，其中元青花有 19 件，包括高足杯 9 件、盖罐 3 件、梅瓶 6 件和花觚 1 件。在众多的瓷器中，青花高足杯尤其引人注目，杯上绘有缠枝菊、缠枝莲、一束莲、松竹梅等图案。还有一件尤其罕见的以两句诗文作为装饰，这两句诗文就是我们开篇提到的“人生百年长在醉，算来三万六千场”。

由于这两个小插曲，保护元青花的安全就成为高安博物馆工作的重中之重。为此，他们特意用钢筋混凝土建造了一个地库，用于收存国宝，地库藏于地下数米深，墙体厚达一米。相关人员对内对外口风都很严，知道这批国宝存放于此的人少之又少，能亲眼看到国宝的人更是凤毛麟角。除了每周两次例行的专人安全检查、除尘除湿外，不论任何人要进库，都需要馆长亲自批准，由分管密码和钥匙的副馆长和保管员同时进入，才能打开地库大门。

当年我去过高安，进过这个地库。第一感觉有点阴森，一进去先要经过一段有斜坡的走廊，走廊的尽头又是一道铁门，等下去一看，底下还有一个看守的工作人员负责值班——当时这人吓我一跳。再往里走，打开一道铁门，才真到了存放国宝的地库。器物都放在两旁的货架子上，尽管灯光昏暗，仍然难掩这些国宝的精美。

在多数人的眼中，这批国宝就仿佛神秘失踪了。面对外界的猜测和疑惑，高安博物馆的这个秘密，一守就守了三十五年。直至 2015 年，这些文物才在新落成的高安元青花博物馆里集体展出。高安元青花博物馆成为继土耳其托普卡帕皇宫博物馆、伊朗国家博物馆的世界第三大元青花收藏地。

窖藏中发现的 6 件梅瓶，2 件为青花缠枝牡丹纹带盖梅瓶（图 6），4 件为青花云龙纹带盖梅瓶（图 7），绘画风格一致，从造型上看正好是一套。在我国古代，梅瓶最早出现于唐代。宋时俗称“经瓶”，是盛酒用的器皿，但由于造型上大下小，盛酒后不容易稳定，逐渐演化为陈设所用的花瓶。许之衡在《饮流斋说瓷》一书中详尽地描述了梅瓶的形制、特征以及名称的由来，他说：“梅瓶口细而颈短，肩极宽博，至胫稍狭，抵于足微丰，口径之小仅与梅之瘦骨相称，故名梅瓶。”窖藏发现的这组梅瓶，在瓶盖内和器底分别用墨书写了《周礼》中“礼、乐、射、御、书、数”的“儒

图 6 元代 青花如意云肩缠枝牡丹纹带盖梅瓶
高安市博物馆藏

图 7 元代 青花云龙纹带盖梅瓶
高安市博物馆藏

家六艺”。从这“儒家六艺”中可以看出，这些瓷器原来的主人不但财力雄厚，且深受儒家文化影响。

由于窖藏现场没有出土任何记录，无法知晓窖藏的主人，学界和民间有了很多种猜测。有人说这些器物属于爱好饮酒的蒙古贵族；也有学者推测这批瓷器有可能是元代瑞州路官府用于祭祀大典的礼器，是当时的国之重器；还有说法认为，这些窖藏和附近的一个村子有关：在距离出土地点很近的地方，至今仍有一个伍家村，伍家自古就是高安的名门望族。

公元1279年，元军进入江西瑞州高安县。当地人伍大贤率众投降，没过多久，他的儿子伍兴甫便奉召前往大都，充任了皇帝的随驾护卫。后来伍兴甫因为护驾有功，功绩显赫，元世祖忽必烈便将一个蒙古公主嫁给了伍兴甫为妻，并封伍兴甫为驸马都尉。为了巩固元朝的统治，对于像伍兴甫这样的汉族精英人物，元朝统治者采取了拉拢的办法，通过赐婚、联姻或封官等方式，使他们效忠于元朝。公元1294年，元世祖忽必烈去世，随后即位的元成宗铁穆耳、元武宗海山、元仁宗爱育黎拔力八达，主要依靠蒙古人治理国家，而不是汉人。禁卫军高级将领、驸马都尉伍兴甫是忽必烈的女婿，地位显赫，却在公元1316年被元仁宗爱育黎拔力八达派往松滋府担任总管，离开了大都，从此再也没有机会返回大都。随着元朝统治的日益稳定，曾经被刻意拉拢的汉族精英人物，如伍兴甫等人，逐渐远离了元朝的政治中枢。

从公元1323年到1333年的十年里，元朝更换了七位皇帝，尤其是在公元1328年，先后有三位皇帝即位，换了四次年号，元朝统治陷于混乱之中。伍兴甫已于公元1325年去世，其子伍良臣在临江路担任经历一职。伍良臣推崇儒学，通晓中庸之道，致力于儒家经籍的研究，诗文畅达清润，著有《中流一壶集》。鉴于当时混乱的政治局面，伍良臣不得不弃官返回高安老家。有学者推测，伍良臣在返回高安老家时，很有可能将元朝皇室历年赏赐的物品一并带回，其中就有这 19 件元青花。

由于元朝统治者的残酷剥削和对汉人的压榨，导致元朝的民族矛盾和阶级矛盾空前激化，终于在公元 1351 年爆发了由汉人领导的农民起义。之后的几年里，元军和农民起义军在高安反复争夺，使昔日的高安小城不再安宁。面对声势浩大的农民起义军，作为元朝皇亲国戚的伍良臣唯有选择逃亡之路。学者们推测，伍良臣在仓皇逃命之际，不得不将包含这 19 件贵重元青花在内的瓷器埋藏于地下。只是造化弄人，他再也没有机会重返高安。时代更迭，这一藏就藏了几个世纪。

尽管伍良臣的故事跌宕起伏，但关于他是否真的是这批窖藏的主人仍存在诸多疑点。不管窖藏的主人到底是谁，这些精美的瓷器就静静地待在那里，旁观着历史的浮沉，等待着一个解开它们身世之谜的最终答案。

086

西周·玉组佩

山西博物院藏

扫码听我讲
国宝故事

唐代诗人贺知章有一首诗叫《回乡偶书》，诗是这么写的：

少小离家老大回，乡音无改鬓毛衰。
儿童相见不相识，笑问客从何处来。

我在 2014 年的时候曾经参加过一个央视的节目，就叫《客从何处来》。在节目里头，我回到山东老家去寻根。“根”对我们中国人来说，是很重要的，所以才有了家谱、族谱。“我从哪里来”这个问题，对个人来讲很重要，对一个国家、民族来讲更重要。

我们都知道，山西简称为“晋”，那这个称谓来源于何处呢？史籍记载，周武王灭商之后，为了安抚殷商遗民，就把纣王的儿子武庚分封在了殷商的旧都。为防武庚叛乱，周武王设了邶、鄘、卫三个封国，派他的三个兄弟管叔鲜、蔡叔度和霍叔处监视武庚。

周武王死后，周成王年幼继位，叔父周公旦摄政。后来，管、蔡二叔和武庚联合造反，造成“三监之乱”，唐国也是三监之乱的参与者。周公东征，平定叛乱，灭了唐国。后来，周成王把唐地封给了弟弟叔虞。因为封地在唐，所以叔虞又被称作“唐叔虞”。后来唐叔虞的儿子燮改国号为“晋”，这就是晋国的来历，也是现在山西简称“晋”的根源。姬燮就是第一代晋侯。

我们之前讲晋侯苏钟时说过，晋侯苏钟出自山西临汾天马－曲村遗址内

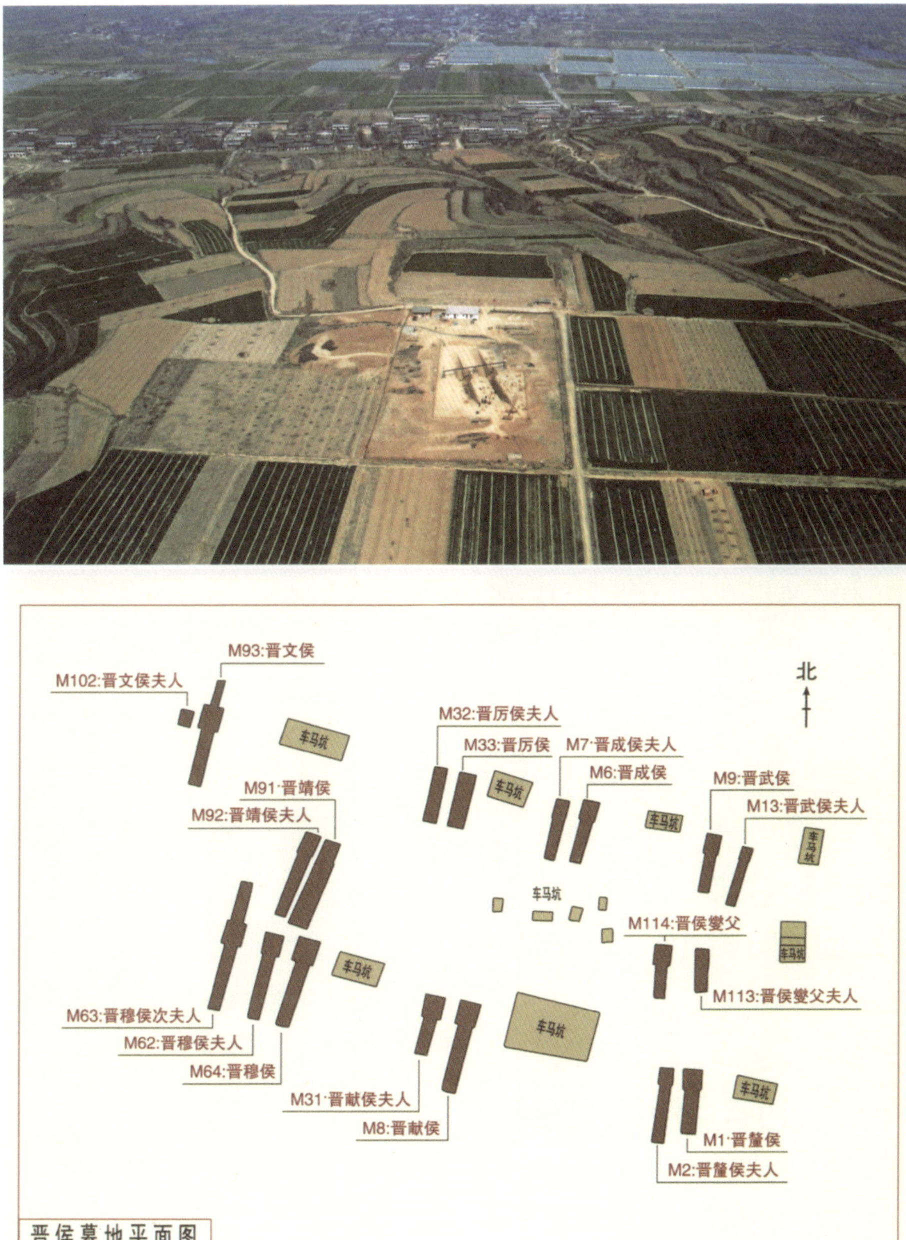

图 1 晋侯墓地鸟瞰及平面图

图 2 晋侯次夫人墓随葬玉器

的晋侯墓地（图 1）。晋侯墓地是 20 世纪 90 年代由于盗墓被发现的，现在已经挖掘了从第一代晋侯姬燮到第九代晋文侯姬仇的 9 组 19 座墓葬。这些墓差不多有一半被盗，还有一半幸免于难。我们今天要讲的这件国宝——晋侯夫人的玉组佩也出自晋侯墓地，而且很幸运的是，这座墓没有被盗过（图 2）。

这座墓是 1993 年下半年被挖掘的，当时被定为 63 号墓，和它一起被挖掘的还有它旁边的 62 号墓和 64 号墓。随着挖掘工作的结束，有些谜团被解开了，比如根据出土的文物和历史文献的记载，考古人员确定 64 号墓为第八代晋侯晋穆侯的墓，62 号墓为晋穆侯夫人齐姜的墓。然而出土玉组佩的 63 号墓却依然迷雾重重。

第一重迷雾，是墓葬形制。根据专家考证，晋侯墓地 19 座墓葬中，除 62 号、63 号和 64 号墓是一夫两妻合葬墓以外，其他都是一夫一妻合葬墓。晋穆侯墓为“甲”字型墓，出土五鼎四簋（图 3）；晋侯夫人齐姜墓也是“甲”字型，出土三鼎四簋；63 号墓身份最低，陪葬三鼎二簋，这基本符合礼制。

图3 晋穆侯墓出土现场

但奇怪的是，63号墓却是“中”字型墓，全长有35米，规格显然要比另外两座墓高。一个次夫人的墓葬规格高于晋侯本人，这怎么解释呢？

第二重迷雾，是墓主人的身份。63号墓的墓主人是晋穆侯的次夫人，这点考古人员已经可以确定。但是对于次夫人如何理解，却有不同的看法。一种说法认为，次夫人就是小妾，因为受到晋穆侯的宠爱，才能合葬在一起；另外一种说法认为，次夫人并不是小妾，因为按照西周丧葬制度来说，只有明媒正娶的妻子，死后才能合葬在一起。所以次夫人应该指的是第二任夫人，也就是齐姜去世后，晋穆侯的第二任夫人。

那么，次夫人姓甚名谁，有何来历呢？在63号墓中发现了两件铸有“杨姞作羞醴壶永宝用”铭文的铜壶，这壶被叫作“杨姞壶”（图4）。但关于杨姞壶和次夫人的关系却有不同的看法。

一种说法认为，次夫人就叫杨姞，是杨国的姞姓女子嫁给了晋穆侯，所以叫杨姞。这和史书上记载的晋穆侯的第一任夫人齐姜是一个道理——

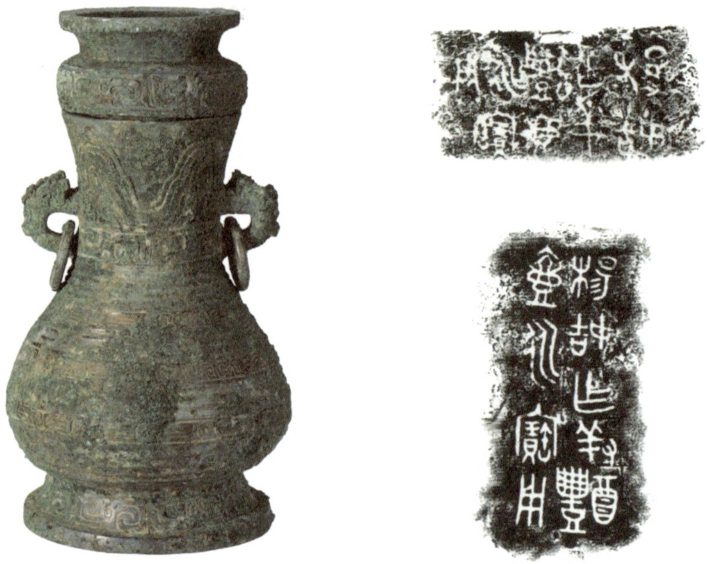

图 4 西周 杨姞壶及铭文 山西博物院藏

齐国的姜姓女子嫁给了晋穆侯，称之为齐姜。但是在各种史料中，并没有姞姓杨国的记载；另一种说法认为，杨姞壶，是嫁到了杨国的姞姓女子做的，所以称为杨姞，只是不知道什么原因最后流传到了晋国，被埋葬在了晋穆侯次夫人的墓中。由于同墓中没有出土别的关于杨姞身份的线索，史书也没有相关记载来相互佐证，单凭“杨姞”二字，很难给墓主人的身份下定论。

第三重迷雾，是超规格的随葬品。为什么说超规格呢？在晋穆侯、穆侯夫人和穆侯次夫人这三座墓葬中，次夫人的墓看似地位最低，但是晋侯夫人的墓葬出土随葬品总计 750 余件，而次夫人的墓出土的随葬品多达 4280 余件，其中光玉器就达 800 多件。为什么会出现这种情况呢？一位次夫人，怎么会享受到如此高的待遇？

有一种推测是，晋穆侯次夫人去世时，正好是晋穆侯的儿子晋文侯仇当政。晋文侯是晋国历史上一位杰出的君主，辅佐周平王东迁，史称“文侯勤王”。文侯在位期间是晋国发展的第一个高峰，在诸侯国中地位显赫。因此，穆侯次夫人去世时，为显示晋国地位，墓葬才会如此豪奢。而其生母齐姜由于去世过早，便不如后来去世的次夫人。

在出土的800多件玉器当中，有的与妇好墓同类玉器如出一辙——玉鹰、玉鸮、玉牛、玉熊等，还有玉环、玉戈、玉觿、玉人、玉鹿、玉马、玉螳螂、玉罍、玉羊等（图5），在椁室西北角的一个铜方盒里，放的都是各类小件玉器。最引人注目的是出土时覆盖在墓主人身上的一件玉组佩。

这套玉组佩复原后长度近2米，几乎覆盖全身。如果是在生活中佩戴，应该不会有这么长，不然没办法走路。这套玉组佩之所以这么长，也有可能是墓主人生前的好几套玉组佩重新组合在一起，全部用来陪葬了（图6）。

图5 晋侯次夫人墓出土玉器

这套玉组佩由玉璜、玉珩、玉冲牙、玉管、绿松石珠、玛瑙管组成，共有 204 件，大致有三列：中列有璜 19 件，珩 3 件，下端是两件玉雁，昂首展翅，生动活泼；左右两列各有璜 13 件，冲牙 1 件。上部的玉璜用红色的玛瑙管和绿松石连接。整个玉组佩中玉璜数量达到 45 件之多，最大的璜长 15.8 厘米，这些玉璜有半环状、扇形、蚕形，多为两面装饰，刻画姿态各异的双龙纹、双首鸟纹、人龙合体纹。所有的纹饰多用西周典型的细阴线和一面坡粗阴线相结合的双勾法来制作，线条婉转流畅，刚柔相济。这套玉组佩是整个晋侯墓地出土的最大的玉礼器组合，也是目前全国同时期墓葬中发现的最大的玉组佩。

那么，玉组佩是什么时候兴起的呢？要说明这个问题，我们先从“玉”这个字说起。“玉”字在甲骨文里就有了，写作三横一竖，而且这一竖上下都出头，形状像成串的玉，那一竖表示串玉用的绳子。《说文解字》收录了小篆“玉”字，是等距离的三横中间加一竖，但此时的竖已经不出头了，和“王”字很像，并没有右边那一点。

我们现在把“玉”作偏旁部首时，也没有那个点，看起来像“王”，所以俗称王字旁，实际上是斜玉旁。我们的俗称有时候是为了简化和方便，但如果在简化和方便的过程中，丢失了这个字本来的意思，那就不可取了。你比如，斜玉旁的字，往往和玉有关，比如“琼瑶”“玫瑰”“玛瑙”，还有“足球”的“球”，“和珅”的“珅”，“道理”的“理”，这些字都和玉有关，指各种美石、美玉，它跟“王”字没有关系。如果只知道王字旁，而不知道斜玉旁，就会丢失字的本意，解释不通了。我们不能“不知有汉，无论魏晋”，根是不能丢的。我想，“玉”作偏旁的时候，我们还是应该尽量把它叫斜玉旁，才能不失其根本。

中国古代的玉器文化可以分为四个时代，分别是：神玉时代、礼玉时代、德玉时代和俗玉时代。新石器时代，漫漫长夜，玉一直是先人的精神支柱。

图 6 西周
玉组佩 山西博物院藏

直至商代，玉器可以通灵，与神沟通，这是神玉时代的精髓；到了周代，玉器开始传达生存理念，西周礼制的形成，玉器开始摆脱神而强化礼，《周礼》说："以玉做六器，以礼天地四方。苍璧礼天、黄琮礼地，青圭礼东方、赤璋礼南方、白琥礼西方、玄璜礼北方。"这就是礼玉时代的经典；从战国起，玉器开始注重道德而非礼制的表达，催生德治，比德于玉，最终总结为"仁义智勇洁"五德；唐以后，玉进入民间日常生活，逐渐世俗化，进入了俗玉时代。

在礼玉时代的西周，玉组佩开始大量出现。组佩，又名杂佩，就是指两块以上的玉组合佩戴。其实，早在西周之前，璜、璧、瑗、环就和玉管、玉珠等组合在一起，形成了组佩的雏形。玉组佩的结构复杂，主要由璜、珩、环、珑、琥、觿、冲牙、牌、管、珠等组成，数量不一，无章可循（图 7）。

玉组佩既有礼玉的性质，也有装饰的功能。《礼记·玉藻》中有这样的记载："古之君子必佩玉，右徵角，左宫羽，趋以采齐，行以肆夏，周

图 7
西周 玉组佩 山西博物院藏

还中规，折还中矩，进则揖之，退则扬之，然后玉锵鸣也。故君子在车，则闻鸾和之声，行则鸣佩玉，是以非辟之心，无自入也。”这段话的大意是，玉之间相互撞击发出来的声音是非常好听的，但是如果走得太慢，玉佩就会没有声音；走得太快，发出来的声音就会杂乱无章；只有把步伐控制在一定速度，才会发出铿锵悦耳的声音。因此，佩玉不仅能起到节行退止、注重自身仪表和风范的作用，还可以规避一些潜在的危险。

组佩的流行是西周礼制的需要，成为生者和死者身份等级的象征。而且对玉组佩的使用有严格的制度，数量、品级、身份要相符。大型玉组佩的使用范围仅限于王、公、侯等诸侯国国君及其夫人或有相应封号的贵族。特别是多璜的玉组佩，是区分等级身份的标志之一。

中国古代有厚葬的习俗，玉器是很重要的陪葬品之一。我们现在见到的很多玉组佩都出自墓葬，但它和玉覆面的性质完全不同，玉覆面是纯粹的葬玉（图 8），而玉组佩则大多数应该为墓主人生前的佩戴之物。

晋侯墓地从时间上跨越了西周早期第一代晋侯到春秋早期第九代晋侯，出土了大量的玉器，种类浩繁，几乎涉及身前死后的各个方面。在制玉的工艺上，显示出西周琢玉技术的进步和水平的提高，为西周时期用玉制度的研究提供了非常丰富的资料。

简单来讲，晋侯墓地出土的玉器大致可以分为死后陪葬的葬玉和身前的礼玉、组佩等装饰用玉、日常用玉。葬玉有玉覆面、玉握、玉踏等，其中玉覆面是晋侯墓的一大特色，大约从西周中期后段开始，几乎每座墓葬中都有玉覆面出土。礼玉主要有璧、戈、琮、钺、戚等，大部分晋侯和夫人墓中都随葬有玉戈，是等级和权力的象征（图 9）。装饰用玉主要是玉组佩，而且出土的数量相当多，也是晋侯墓最为出彩的部分。从出土的位置上看，玉组佩基本有两类：一类是胸佩，就是挂在脖子上的，垂在胸前，多数以璜为主；另一类是挂在肩上的，垂在胸的两侧，多数

图 8 西周 缀玉覆面 山西博物院藏

图 9 西周 人首神兽纹玉戈 山西博物院藏

以玉质或骨质的梯形牌饰和玛瑙管、料管组成。

天马 - 曲村晋侯墓地出土了十几件成串的玉组佩，可以说每一件都华丽精巧，代表了当时晋国最高的制玉水平。而其中最让人震撼的还是这套晋穆侯次夫人的玉组佩。它在地下沉睡了 2800 多年，再次展现在世人面前的时候，却如当年被安放时的模样，静静地躺在晋穆侯次夫人的身上。当我们在它面前驻足，仿佛还能听到款款前行时，玉组佩所传出的悦耳之声，穿越千年，余音绕梁。

晋侯墓地在 20 世纪改革开放初期盗墓猖獗的时候被发现，而晋穆侯和两位夫人的墓幸免于难，才让我们有机会得以目睹玉组佩的惊世骇俗。这是文物的幸运，更是我们的幸运。可以想见的是，如果盗墓贼得手，这套玉组佩就会被拆得七零八落，流散四方，我们便无从知晓这数千年以前我们的先人创造的美。这就是考古与盗墓的根本区别，考古，可以让我们寻找到历史本来的样子，为我们找到自己文化的根。

087

东晋·二爨碑

曲靖一中、曲靖斗阁寺藏

汉字里有一类字，形式感极强，这就是“品”字形字。简单地说，就是三个相同的字呈三角形排列。比如，金木水火土，三个金念鑫 [xīn]、三个木念森 [sēn]、三个水念淼 [miǎo]、三个火念焱 [yàn]、三个土念垚 [yáo]，这都比较简单。那三个马呢？三个牛？三个羊？三个鱼？三个犬？三个鹿？这些动物都怎么念呢？能全答上来的，不算什么本事，都答不上来呢，也不丢人。因为多大的文字学者也会遇到许多不认识的字，这在中国汉字里很正常。

说到汉字，我好多年前写过一篇小文，叫《不常用汉字》，也就是生僻字。我在里面提到过：九年义务教育只教给你 3500 个汉字，一个人如果能准确认识 4000 字以上，基本上就是以文字为生的，比如编辑、记者等；如果能认识 5000 个字，一定是文字方面的顶级大学者，这属于凤毛麟角，但即便是这样，所认识的汉字也不足汉字总量的十分之一。

《汉语大字典》收录了 56000 多个汉字，随便翻开一页就可能会看到不认识的字。很多我们认识的汉字并不是在上学的时候学的，而是在生活中陆陆续续学的。比如看了本文，如果你有心，就会记住三个马念骉 [biāo]、三个牛念犇 [bēn]、三个羊念羴 [shān]、三个鱼念鱻 [xiān]、三个犬念猋 [biāo]、三个鹿念麤 [cū]。如果你再用心一点，就会了解它们的意思，可能一辈子都不会忘。

那我们再说一个字，这个字很难写，很复杂，有三十个笔画。但是很好记，为什么好记呢？因为有口诀：“兴字头，林字腰，大字下面架火烧。”其中的“兴”字头，是繁体的“興”，这个字的准确读音念 [cuàn]。“爨”的篆体，描绘了一幅双手持甑放在灶口，然后推双木入灶，燃起火苗的生活场景。《说文解字》解释为炊，即生火做饭。“爨”作为名词，还有另外一个意思，就是姓氏——爨姓。爨氏是汉末至唐代中期最著名的南中大姓之一。三国时期，现在的云南、贵州西部和四川的西南部统称为“南中”，当时南中最有势力的大姓有三家，分别是霍姓、孟姓和爨姓。诸葛亮七擒孟获的故事就发生在这个地方。

我们这一篇讲的国宝——“二爨碑”，就和爨氏有关。“二爨碑”不是一个碑，是两个碑，分别是爨宝子碑（图 1）和爨龙颜碑（图 2）。爨

图 1 爨宝子碑

图 2 爨龙颜碑

宝子碑又被称作“小爨碑”，爨龙颜碑又被称作“大爨碑”。这是根据什么分的大小呢？很简单，就是根据尺寸。这两块碑现在都在云南曲靖，一个在曲靖一中，另一个在曲靖陆良县薛官堡斗阁寺。云南曲靖，就是魏晋南北朝时期的建宁，正是爨氏家族当时在云南统治的中心区域之一。

这两块碑是怎么被发现的？又是怎么到了曲靖一中和斗阁寺的呢？这两块碑当然不是一起被发现的，世界上哪儿有那么凑巧的事情？但爨宝子碑的发现还真是因缘际会，事出巧合。事情还得从 167 年前的一块豆腐说起。

清咸丰二年（公元 1852 年），时任云南曲靖知府的邓尔恒到府衙厨房视察工作，在案板上看到一块豆腐。我们知道，早在宋代，豆腐就已经成为人们日常饮食中很重要的食物了。那这块豆腐有什么特别之处吗？原来，这豆腐上面有字，就是这豆腐上的字引起了邓尔恒的注意。

说起邓尔恒，你可能不知道，但说起他爹，对中国历史稍有了解的人都应该知道，他就是邓廷桢。邓廷桢在任两广总督时，力行禁烟，在任闽浙总督时，击退进犯厦门的英国战舰。他还是第一个反对割让香港给英国的大臣，可以说是一位民族英雄。都说虎父无犬子，邓尔恒在仕途上虽然不及他爹，但是他善金石之学，治学严谨。因为邓尔恒对金石学的研究，当他看到豆腐上奇怪的字后，马上意识到这件事情非同寻常，于是他追问厨子，说这块豆腐你是从哪里买来的？于是他一路追寻，找到了一家位于杨旗田村的豆腐作坊。

邓尔恒在这家作坊里，看到了用来盛放、晾干豆腐的一块石板，这石板上有字。经过仔细询问，得知这块石板在他们家已经使用好几十年了。大概是乾隆年间，这家人在自己田里耕地时，发现了这块石板。他们不认识上面的字，没觉得它有什么重要的。除了务农外，他们家还做豆腐，他们觉得这是一块挺好的石板，又大又平整，用来放豆腐刚刚好。我们每个人可能都吃过豆腐，但不是每个人都知道豆腐是怎么做出来的。简单地说，做豆腐有这么几个步骤：首先要浸泡黄豆，把黄豆磨成豆浆；接着过滤，把豆浆和豆渣分开；然后熬豆浆；豆浆熬好后，需要点卤使豆浆凝固，呈现豆腐脑的状态；然后用包布包起来，放在案板上，压制沥水，冷却成型。豆腐上的字就是在冷却成型的过程中形成的。这石板一用就是几十年，至少用了三代人。而这块石板正是爨宝子碑，也就是“小爨碑”。

发现“小爨碑”后，邓尔恒便将它运回府衙保管，并对碑文内容进行了研究和考据，还特意撰写了跋（图 3），记述了发现和安置石碑的经过，并刻在了石碑左下角的空白处。之后，“小爨碑”就被移到了曲靖的武侯祠里面，直到民国军阀混战，曲靖也成了战场，1927 年，“小爨碑”被士兵抬去修筑防御工事。一介寒士张士元知道了这件事后，冒着生命危险，和士兵交涉，最终将石碑搬回家中，使石碑逃脱了被毁的危险。

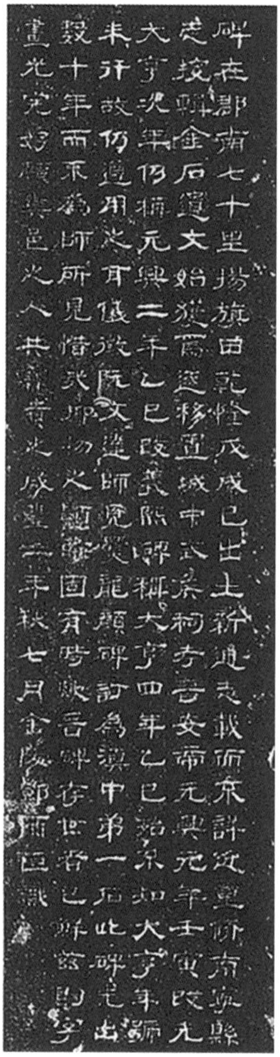

图 3 邓尔恒跋文拓片

后来，时任国民政府内政部长的周钟岳（图 4）委托云南省立第三师范学校（也就是现在的曲靖一中）的第一任校长谢显琳，建造爨碑亭，将“小爨碑”收藏于此，直至今天。清末名士袁嘉谷为爨碑亭撰写楹联：奉东晋大亨，宝子增辉三百字；称南滇小爨，石碑永寿二千年。此时，距立碑的时间已经过去了 1500 多年。

爨宝子碑，全称“晋故振威将军建宁太守爨府君墓碑”，通高 1.83 米，宽 0.68 米，厚 0.21 米。碑首呈半圆形。碑额题衔 5 行，每行 3 字；碑文

图 4 周钟岳先生

共 13 行，每行 7—30 字不等；碑下端列职官题名 13 行，每行 4 字。全碑共 400 字，均为正书，除最后一字缺损外，其余都清晰可辨。碑的主要内容是记述爨宝子的生平、家世和政绩（图 5）。爨宝子，公元 380 年出生于建宁同乐，也就是现在的曲靖陆良，公元 403 年去世，年仅 23 岁。他 19 岁时就任建宁太守，同时承袭了“振威将军”一职。根据碑刻的年号“东晋大亨四年”，可以推断它凿刻于公元 405 年，也就是爨宝子去世后的两年。

说到这里，熟悉历史的，尤其是熟悉东晋历史的人可能就有疑问了：东晋立国 103 年，历经 11 帝，没有一个皇帝的年号纪年为“大亨四年”，难道是当时的工匠刻错了吗？关于这个问题，邓尔恒在他写的跋中给出了解释：“考晋安帝元兴元年壬寅，改元大亨，次年仍称元兴二年。乙巳改义熙，碑称‘大亨四年乙巳’，殆不知大亨年号未行，故仍遵用之耳。”

就是说晋安帝司马德宗元兴元年（公元 402 年）改年号为大亨，403 年年号又改回元兴，称“元兴二年”，乙巳年（公元 405 年）改年号为义熙。大亨这个年号仅仅用了不到一年，那怎么出来了“大亨四年”呢？邓尔恒推测爨宝子当时遵奉东晋司马政权为正统，改年号的通知来了，他就改了。但是后面可能再改年号的通知没有来，爨氏偏居南境，导致

图 5 爨宝子碑拓片

图 6 阮元像

他不知道中原变迁，四年后还在使用大亨年号，这才有了“大亨四年”的碑文纪年。

邓尔恒在跋中还提供了另外一个信息：“仪征阮文达师见爨龙颜碑，定为滇中第一石。此碑先出数十年，而不为师所见，惜哉。”什么意思呢？这里说的阮文达，就是大名鼎鼎的阮元（图 6），不但是三朝阁老、九省疆臣，关键还是一代文宗，在经史、金石、编撰、校刊、书法等方面有极高的造诣，最为人熟知的是主持校刻《宋本十三经注疏》。阮元在清道光六年（公元 1826 年）出任云贵总督时，偶然在一个晒谷场上发现了一块被用来打稻谷的石板。这块石板，就是爨龙颜碑。后来，阮元让时任知州建了碑亭，将石碑保护了起来。

其实，有关爨龙颜碑的记载最早见于元朝李京的《元朝志略》，明朝周弘祖的《古今书刻》以及《万历云南通志》等也均有记载，但是它的重要性并没有受到足够的重视，直到再次被阮元发现，才算引起重视。

爨龙颜碑，全称叫作“宋故龙骧将军护镇蛮校尉宁州刺史邛都县侯爨使君之碑”（图 7）。这块碑始建于南朝刘宋孝武帝大明二年（公元 458 年），

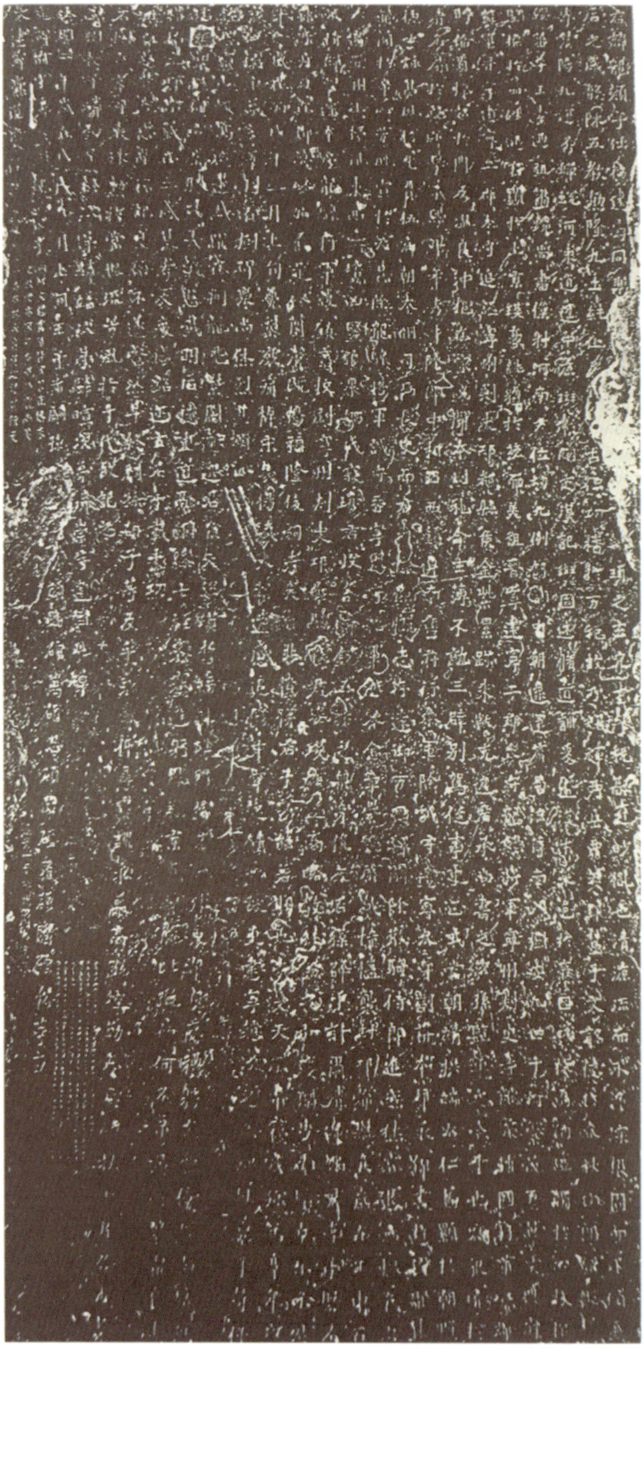

图 7 爨龙颜碑拓片

碑通高 3.38 米，上宽 1.35 米，下宽 1.46 米，厚有 0.25 米。碑额有青龙、白虎、朱雀浮雕，下部正中有穿，左右有日月浮雕，日中有三足乌，月中有蟾蜍。正文 24 行，共 904 字。碑阴刻职官题名 3 列，共 313 字。碑阳左侧刻清代阮元、邱均恩、杨爨三跋及“道光七年知州张浩建亭”字 1 行。爨龙颜碑比爨宝子碑晚立 53 年，但它比爨宝子碑大很多，所以被称为“大爨碑”。

爨龙颜碑的碑文追溯了爨氏家族的历史，记述了爨龙颜的事迹，为研究爨氏家族以及两晋南北朝时期的云南历史，提供了非常宝贵的资料。爨龙颜，字仕德，是建宁郡同乐县人。根据碑文可知，爨氏的祖先曾受封于爨地，所以以“爨”作为族人的姓氏。远祖名叫爨肃，官至曹魏的尚书仆射兼河南尹。后世子孙辗转到了四川、湖广一带，一部分又漂泊到了南中。爨家经过九代人的发展，家族兴旺。爨龙颜于刘宋文帝元嘉二十二年（公元 445 年）逝世，享年 61 岁。

虽然先祖是谁难以考证，但爨氏是中原南迁的汉人这一点则是可以肯定的。到了东汉时期，爨氏已经是南中的豪族了。公元 339 年，爨氏开始独霸南中。直到公元 748 年，南诏灭爨时，爨氏已统治南中 400 多年，形成了独特的爨文化。

“二爨碑”最有价值的是它们的书法，书体被人们称为“爨体”。“小爨碑”古拙凝重，是隶书至楷书过渡的典型；“大爨碑”年代稍晚，虽为楷书，但隶书意蕴明显，充满朴拙天然之气。

阮元发现“大爨碑”后，在碑下作的题跋中说：“此碑文体书法，皆汉晋正传，求之北地亦不可多得，乃云南第一古石，其永保护之。”清朝中期，金石之学大兴，影响所及，书法界学碑之风盛行。以阮元在当时的影响，加上他对“大爨碑”“云南第一古石”的评价，使得该碑立即声名远播，受到书法界、金石界的高度重视。

康有为说“大爨碑”“与灵庙碑同体，浑金璞玉，皆师元常，实承中郎之正统”“下画如昆刀刻玉，但见浑美；布势如精工画人，各有意弃，当为隶楷之极”“雄强茂美”“神品第一”；而“小爨碑”则是“朴厚古茂”“端朴若古佛之容”，康有为后期的字明显受“二爨碑”的影响。

从书法本身的角度来说，“二爨碑”的笔法“凌空取势，沉着痛快，纯任自然”，运笔“有险峻而不平板，多飘逸而不呆滞，导送流畅而有节奏感，行于其所当行，止于不能不止”，格调“端庄杂流丽，刚健含婀娜”，不拘一格，奇趣横生，雄强、质朴、天真，简言之：隶中有楷味，楷中有隶形，是当之无愧的书法艺术珍品。除阮元的极力推崇外，康有为将爨体字发挥到了极致。清末民国大儒沈曾植、著名画家潘天寿的字都受“二爨碑”的影响，弘一法师早期也曾学习爨体字（图 8）。

我办公室里有一套《百衲本二十四史》，是民国初期在张元济先生主

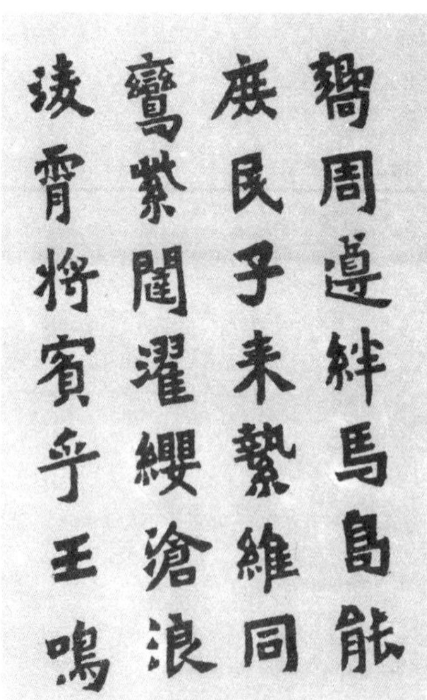

图 8 弘一法师临《爨宝子碑》（局部）

图9 百衲本二十四史

持下的商务印书馆斥巨资广搜博采各史善本，采用当时最先进的摄影制版技术，呕心沥血十余年才刊印发行的。因其极高的学术、收藏版本价值，从发行之初，就受到了广泛的追捧。蔡元培、胡适、傅增湘、顾起潜都对其赞誉有加。鲁迅先生当时也购买了一套《百衲本二十四史》，今收藏于北京鲁迅博物馆。《百衲本二十四史》全部出齐后，商务印书馆还为此特制了专用书柜，这个书柜上写明《二十四史》的名称。我们现在虽不大清楚书柜上的字是谁写的，但可以肯定的是，这字明显受到了“二爨碑”的影响，从中可以窥见“二爨碑”的影响力（图9）。

现在，不仅是学碑帖、书法的人很重视“二爨碑”，学习美术的人也很关注。大家熟悉的招商银行、《南方都市报》的名字题字，都使用的是爨体字。在书法界，不仅我们国家的人对“二爨碑”有研究和学习，日本、韩国也有不少人长期研习“二爨碑”。据说，20世纪70年代末，有一群日本人辗转来到了云南曲靖，目的就是为了瞻仰“二爨碑”。但是由于当时的社会原因，他们的请求被拒绝了。过了很多年以后，他们再一次来到曲靖，终于看到了“二爨碑”，如愿以偿。有一位八旬的日本书法家，来到爨宝子碑前，在离碑七八米开外的地方，双膝跪下，用标准的普通话，高声背诵《爨宝子碑》全文，令人动容。

如今，“二爨碑”还都在发现地——云南曲靖。爨宝子碑静静地矗立于曲靖一中的爨碑亭内，而爨龙颜碑则在曲靖陆良斗阁寺的大殿内，这两地也成了独特的博物馆。

088

元·霁蓝釉白龙纹梅瓶

扬州博物馆藏

这件国宝很有名，喜欢中国古代陶瓷的人，应该是无人不知，无人不晓。这就是收藏在扬州博物馆的镇馆之宝——元代霁蓝釉白龙纹梅瓶（图 1）。

2000 年 10 月，法国总统希拉克访问中国时，最初安排的首站是上海，但他为了尽快一睹这件龙纹梅瓶的芳容，执意要先到扬州。这位法国总统为什么对这件龙纹梅瓶如此感兴趣呢？首先是因为东西漂亮、稀有，世界闻名。法国许多届总统都喜欢收藏中国艺术品。我去香港的荷李活道，看见好多家古董店里都挂着跟密特朗、希拉克他们的合影。再有就是，在法国的吉美博物馆，也有一件类似的元代霁蓝釉白龙纹梅瓶的收藏（图 2）。

这种元代霁蓝釉白龙纹梅瓶，据统计目前全世界范围内已知公家收藏的只有三件，分别收藏在北京的颐和园、法国的吉美博物馆和扬州博物馆。颐和园和吉美博物馆收藏的两只梅瓶，尺寸都略小，而且都有瑕疵（图 3）。唯独收藏在扬州博物馆的这只又大又好，堪称精品中的精品！

如此珍罕的国宝，是怎么跑到扬州博物馆的呢？故事得从 1970 年代说起。1976 年，我国正处在地震的活跃期，扬州城乡家家移居户外，在空地上搭防震棚居住。梅瓶最初的主人朱立恒怕梅瓶遭地震损坏，加上当时他已成家，并生了一个女儿，每月仅靠二十多块钱的工资度日，生活过得很紧巴，所以他就打算把这祖传的白龙梅瓶给卖掉，补贴家用。要不然哪天地震时稍有不慎，再把梅瓶打碎了，那就一文不值了，还不如趁着完好，赶紧卖了换钱。

图 1 元代 霁蓝釉白龙纹梅瓶
扬州博物馆藏

图 2 元代 霁蓝釉白龙纹梅瓶
法国吉美博物馆藏

图 3 元代 霁蓝釉白龙纹梅瓶
颐和园管理处藏

思来想去，朱立恒瞒着家里，抱着这梅瓶就来到了当时的扬州市文物商店。当年全国的文物商店都特别不起眼，收购部就更小了。里边都是上了岁数的老业务员，快退休的或者退休返聘的，经验比较丰富，没事儿就坐那儿聊大天，等鱼上钩。凡是进这里的人，都是来卖东西的，肯定不是买东西的，这是收购部嘛。

那天，几位老先生正无所事事地聊大天，就赶上朱立恒抱着这东西进来了。进来以后，不像现在似的，商家都很热情，那时候没什么人愿意搭理你，凡是卖东西的人都是走投无路的。这朱立恒进来就问："您这儿收东西吗？"业务员一看买卖来了，就说："收啊。您卖什么啊？"朱立恒说："我这有一瓶儿，家里留下来的，您给看看能收不？"这朱立恒也说不出这是个什么玩意儿，就说是个"瓶儿"，如果他要说："我这是一个元代霁蓝釉白龙纹梅瓶！"我估计就没有这回这故事了。

打开包袱皮把东西往柜台上这么一放，几位文物商店的老先生也都没见过，不知道是个什么东西，围着这瓶子看了半天，自己也一头雾水。几十年的收购经验从来没见过这样的器物，也说不好是什么年代的。说不好年代就没法估价，但又怕把好东西给漏了，几位老先生商量了半天，认为这是一件清朝雍正左右的瓷器，最多能给 16 块钱。朱立恒心想，一张口就给我 16 块钱！我多要点，怎么也得卖 30 块啊！经过一番讨价还价，最后以 18 块钱成交。

回家的路上，朱立恒还暗自高兴，说没想到祖传的这瓷瓶子能卖 18 块钱，快赶上我一个月的工资了！他哪里知道，他卖掉的这件是自家祖传的国宝！他回到家以后，母亲才知道，还把他骂了一顿。那也没辙啊，东西卖了就肯定要不回来了。

这是故事的一个版本，我还听说过另外一个版本，跟这个大同小异。这版本是说朱立恒他们家传下来的这瓶子原来是一对。一只有点毛病，口上有磕碰，另一只是好的。他当时是抱着这俩梅瓶进的文物商店。文物商店的收购人员看完以后说这好的我们能收，这坏的我们不要，不值钱。过去我年轻的时候，就听古玩行的老先生说过这样一句话，叫“瓷器毛了边，不值半文钱”。也就是说这瓷器的口沿有点磕碰，就不值钱了，如果残得厉害的话，那就更不值钱了。我当年在文物商店看到那好的官窑，标价四五百块，有一点小毛病，比如有个冲口什么的，就值二三十块，不到十分之一！那时候没人买这种残破的瓷器。这朱立恒听说文物商店不收，不值钱，他出门见有个垃圾堆，顺手就把那只有残的白龙纹梅瓶给扔了。再往后，这瓶子就不知下落了。

我老说历史没有真相，这刚过去几十年的时间，到底这白龙纹梅瓶是怎么回事，就有了很多种说法。不过这都不是最重要的，重要的是这只好的梅瓶被文物商店收购了以后的故事。

扬州文物商店收购了这件特殊的龙纹梅瓶后，也不知道它的价值，一开始认为它就是一件清代雍正左右的民窑，也没有带款儿，只不过看着比较少见，充其量就算个民窑细路。20 世纪六七十年代那会儿，人们对元代瓷器认识非常有限，认为这种蓝釉的瓷器在元代根本就没有，明代的都少，见到的大部分都是清代的，所以推测这件瓶子是清代的，顺理成章。

梅瓶底下露胎无釉，也没有款儿，龙纹还是三爪，不是清代官窑常见的五爪龙，所以文物商店就稀里糊涂地把它当作一件民窑瓷器放在了一边。按照当时的文物政策，明清时期的一般文物是可以卖到国外换取外汇的，于是这蒙尘的国宝就上了文物商店的货架，等待着它那未卜的命运。

直到 1977 年的一天，上海市外贸公司的沈胜利先生来扬州文物商店见到此瓶。他从梅瓶的造型、胎质、纹饰等方面认为这瓶子不大像清朝的瓷器，很可能时间更早，但自己也说不好，于是就建议他们请国内知名的古陶瓷专家来鉴定，以免错失国宝。经过国内多位陶瓷专家的鉴定，果然认定这件龙纹梅瓶不是清代作品，而是一件非常珍罕的元代瓷器！同年，我国著名的陶瓷专家冯先铭先生就在《中国文物》画报第一期，发表了《元代景德镇蓝釉白龙纹梅瓶》的文章，并将梅瓶的大幅彩照作为封面，在国内外古陶瓷学术界引起了非常大的轰动。

1978 年，“各省、市、自治区征集文物汇报展”在北京举行。元代蓝釉白龙纹梅瓶首次亮相，国内各大博物馆纷纷向扬州文物商店表示收藏此瓶的意愿。最终，扬州博物馆以地利之优购得此瓶，让其在扬州安了家，落了户。1992 年，这件蓝釉白龙纹梅瓶经国家文物鉴定委员会评定为国宝级文物，扬州博物馆为其特设国宝厅，专门展览此瓶。

这件梅瓶整体以蓝色为主，其上环饰有一条白色行龙，除此以外别无它色。深邃的蓝与圣洁的白，深得游牧民族的喜爱。究其原因，可能与他们生活的环境有很大的关联。骑马游牧除了草原的绿色，抬头一看就是蓝天白云。滋养生命的溪流、湖泊，放牧的羊群，同样也是蓝色和白色。游牧民族吃的、喝的、看到的，到处都是白和蓝，所以将生活中的器皿烧成蓝色，也是顺理成章的事情。这想法可能早已萌生，只是困于技术的局限，直到元朝蒙古人从西域发现并带回了一种昂贵的青料，这个愿望才得以变成现实。

图 4 唐代 蓝釉点彩驮骡 西安博物院藏

陶瓷中的蓝，主要是用金属“钴”元素来着色，实物里最早见于唐三彩器中的应用（图4）。当时的钴蓝非常名贵，只在少部分的唐三彩中出现，后世收藏对于这类器物推崇备至，素有“三彩挂蓝，价值连城”之赞叹。不过唐三彩中的钴蓝是在低温铅釉中的呈色，虽有绚丽之感，但缺乏沉着色调，尚不够成熟。

我国高温蓝釉瓷器最早诞生于元代的景德镇。明初，曹昭在《格古要论》中就曾提到，说元代“有青、黑色戗金者，多是酒壶、酒盏，甚可爱”。“青、黑”指的就是这“蓝釉”，青花就是蓝花嘛，古今叫法有些差异。这种元代蓝釉描金器物传世非常罕见，屈指可数。比如1964年，河北保定窖藏出土的蓝釉描金朵云纹匜 [yí] 和月影梅纹杯等等，都属这类（图5）。

元代蓝釉器中还有一类更为高档和罕见的品种，它首先是在做好的瓷胎上，用刀铲出一个大致的轮廓，然后再用一种特殊的白瓷泥，在之前刻好的凹处堆塑出纹饰，最后还要用硬物在上面画出细节，比如龙鳞、凤羽等。这些都完成以后，在纹饰上施透明釉，剩余的部分施钴蓝釉，入窑在1300℃左右的高温下一次烧成（图6）。由于这种工艺的作品非常少见，

图5 元代 霁蓝釉描金月影梅纹杯
河北博物院藏

图6 元代 霁蓝釉白龙纹盘
故宫博物院藏

其他时期也不见，所以没有一个专业的称谓，以至今天我们姑且把它称为“蓝釉铲地塑白”。扬州博物馆收藏的这件龙纹梅瓶就属于这个品种。

这种工艺即使在今天听起来也非常繁复，在六七百年前制作出来，难度可想而知。这种工艺不但费工，还非常费料。大面积涂抹的钴蓝料都是从国外进口的，非常昂贵。如果用它来烧造青花瓷，同样多的青料可以描绘出多件器物，而生产这种蓝釉堆白器物，则生产不了几件。所以在元代，蓝釉器物无论是描金的还是塑白的，都应该只有宫廷贵族们才能享用，一般阶层是享用不起的。

这件梅瓶最夺目的还是器身装饰的这条行龙。龙的出现，源于我们民族的情感。中华民族在其幼年时就选择了龙作为图腾，由模糊到具象，由随性到专注，用了几千年的时间，龙的形象才一点一点地完善，最终成为中华民族的标志和象征。在距今六千多年前的仰韶文化，以及五千多年前的红山文化里，我们都能看到龙的样子。商周战国、两汉隋唐、宋辽金元，龙纹的出现多得更是不胜枚举。

元朝在中国历史上是个极为特殊的朝代，较之其他骑马民族，蒙古民族的游牧性质更为纯粹。与宋相反，元代强调武治，疆域最大的时期，国土有3300万平方公里之多！蒙古人自古还有经商习俗，元朝统治者因此格外重视商业和手工业，所以元朝除了疆域广袤以外，还是当时世界上最为富庶的国家。如此强大的背景之下，元代器物上开始大量流行龙纹乃是必然。元朝之龙保留了汉唐之风，又在其灵动之上多了几分凶猛和自信。扬州博物馆的这件国宝梅瓶，白龙整个置身于深蓝背景之中，正是《易经》中“九五，飞龙在天，利见大人”的表达。九五爻位乃君位爻，唯我独尊、称霸天下的态势，被元代景德镇的工匠表达得如此淋漓尽致。

中国茶、酒文化源远流长，饮酒的历史比饮茶的历史还要久远。游牧民族相对农耕民族更偏爱饮酒，对于饮酒的酒器也更加注重。元代保存至今的许多珍贵器物，十之八九都与饮酒相关。这件霁蓝釉白龙纹梅瓶在当时就是用来储酒的酒瓶，使用者应为帝王将相。

元代是我国饮酒的一个重要节点。元以前普遍流行低度的酿造酒，酒器都比较大，不然不够喝。元以后开始出现高度的蒸馏酒，度数高了，量就下来了，酒器也开始改变。唐宋金元流行了几百年的“经瓶”，逐渐退出了历史的舞台，由酒器改成了花器，所以后来称谓也改了，叫“梅瓶”。

近些年，由于社会对传统文化认知的回归，国宝文物的展览时常会引起一场狂热。大家为了亲眼见一下故宫珍藏的《清明上河图》《千里江山图》《游春图》等，不惜排上半天的长队。听说台北故宫博物院藏的颜真卿名作《祭侄文稿》要远渡东瀛到日本去展出，很多人还专程飞到日本去观看。我们国家为了将这些国宝保护好，国家文物局从 2002 年开始，就陆续将一些具有极高历史、艺术、文化等价值的国宝列入禁止出境展览目录。2013 年 8 月 19 日，国家文物局发布的《第三批禁止出国（境）展览文物目录》，共有 94 件（组）一级文物，扬州博物馆收藏的这件元代霁蓝釉白龙纹梅瓶首当其冲被列入其中。

如果你想一览它的芳容，就只能像法国总统一样，亲自去扬州博物馆的国宝展厅欣赏了。你欣赏时可以将脚步放得慢一点，不仅能看到历史的物证，还能听到元朝金戈铁马的回响。

此类元代霁蓝釉白龙纹梅瓶，按照我们目前的说法，全世界范围内只存三件。那私下民间会不会还有这类作品呢？我觉得理论上肯定会有。因为历史这么长，世界这么大，什么可能都是有的。乾隆大瓷母过去就认为只有一只，前些年美国拍卖就出现了第二只。像大瓷母、霁蓝釉白龙纹梅瓶这种陶瓷器皿，它不像书画，当年一个就是一个，瓷器当年的烧造一定会有多个。

大概在二十多年前，北京有一家拍卖行就拍过一只类似的白龙纹梅瓶

图 7 元代 霁蓝釉白龙纹梅瓶
2000 年 北京翰海

（图 7）。拍的时候我上手看过，尺寸比扬州博物馆的要小很多，高二十多厘米，底下还有残。因为东西太珍贵，当时人们就不敢认，不相信在那三只以外还会出现第四只。我记得当时拍卖加佣金一共拍了二百多万，这东西是被一位神秘的日本买家买走的，买走了以后，直到今天一直没有再露面。

我们一直都有一个根深蒂固的观念，叫“物以稀为贵”，认为国宝发现的数量多了就不珍贵了，就不叫“国宝”了，唯有一个才最好，才最珍罕。但我们从更高的角度去看的话，应该期待更多的国宝被发现。这样的话，就可以让更多的人有机会亲眼看到这些精品的真容，让我们的灿烂文明得以传播。

089

南宋·龙泉窑青釉荷叶盖罐

四川宋瓷博物馆藏

扫码听我讲
国宝故事

在四川中部，有一座不大的城市，名字叫遂宁。2003年6月30日，遂宁市一施工队在一个名叫金鱼村的小村庄里施工时，挖到了一批瓷器。在挖出瓷器的一瞬间，整个施工队立刻陷入混乱，大家一哄而上，开始了激烈的争抢。事发以后，公安局以最快的速度展开了追缴行动，最终追回了47件瓷器和1件铜器。这是金鱼村第二次出土窖藏，但它的结果与第一次截然不同。金鱼村第一次发现窖藏是在1991年，那次出土的文物数量比这一次多很多。

金鱼村就是一个普普通通的小村落，隶属于遂宁南强镇，全村不过数十户人家。1991年9月的一天，金鱼村的村民王世全因病去世了。金鱼村地处平坝，什么是平坝呢？这是一个地貌术语，是指四周有陡崖，顶面基本平坦的类似高台状的地貌，所以当地人都会将死者葬在自家的菜园子里。王世全的妻子文碧珍按照村里的习俗，也准备把墓地安置在自家的菜地里。于是，文碧珍找来风水先生测好了方位，由王世全的哥哥带领几个乡邻开始挖墓葬坑。墓葬坑挖了没多深，突然就传出了金属撞击的声音，大家忙把泥土扒开，原来是一只锈迹斑斑的长柄铜器。大家拿出这件铜器，又尝试着往下挖了几锄头，没想到底下除了几件铜器，还有挺多的瓷器。

这下王家人就有点糟心了，因为这块菜园，早先是一个地主家的乱坟地，土改的时候平整土地，坟包全给推平了，在包产到户的时候，分给了王世全，这才成了一块菜地。从别人坟地里挖出东西来，实在是晦气，而且本来准备当天下葬的死者也就没法下葬了。其实王家人不知道，他们挖出来的东西根本不是什么地主家的陪葬品，而是一批南宋时期的窖藏瓷器。

窖藏我们前面说过，它跟墓葬、遗址都不一样，窖藏大多数时候跟战争、灾祸等突发情况有关。当灾祸降临，古人为了减少损失，就把金银、铜钱、贵重器物等有价值的东西埋藏在地下，等待日后再重新取出来。我们今天发现的窖藏，其实就是那些一直埋在地下没机会取出来的东西。正因为受主人重视，所以窖藏中出土的器物大多比较精美，而且很大一部分是当时的上等产品。窖藏文物在不同时期的种类不同，商周时期多是青铜器，比如我们讲过的陕西岐山董家村窖藏；唐代多见金银器，比如我们讲过的何家村窖藏；到了辽宋金元，就多以瓷器为主了，比如我们今天讲的金鱼村窖藏。

目前在四川出土的宋元窖藏瓷器数量特别多。总结一下，窖藏的埋藏手段大概就两种：一种是把东西先装进容器里，比如陶罐、陶缸或者大铜盆里，然后再用东西盖起来，或者直接倒扣在疏松的沙土上，这个比较简单；另一种埋藏方法就是把东西直接埋在地下，东西放的时候首尾衔接，重叠堆放，在容易磕碰的外围摆几件铜器，然后用细沙土把器物间的间隙填满。王家人挖到的这个窖藏，就属于后一种埋藏方法，所以他们首先碰到的就是铜器。

此时的王家人还没意识到自己挖出的是一批宝藏，就在他们考虑接下来该怎么办的时候，文碧珍家的菜园子里挖出东西的事很快就在邻里间传开了，周围的邻居们都跑来看新鲜。随着围观的人越来越多，大家的好奇心也就越来越重，陆续就有人出主意说，索性把这个坑挖开看看。就在王家人犹豫不决的时候，恰好有一位镇卫生院的医生在现场，看到这种情况，就提醒他们说，随便挖掘地下的东西是犯法的，并建议王家人尽快报警。王家人想了想，便去村委会上报了相关情况。随后，南强镇干部、南强派出所的警察以及遂宁市文管所干部来到了文碧珍的家。核实情况后，遂宁市文物管理所给予文碧珍等人各 500 元奖励，并协同当地政府部门将文碧珍邻居家的菜地划拨了一块作为坟地，解决了她丈夫的安葬问题。

一天以后，文物专家就展开了发掘工作。就此，一批震惊国内外的宝藏在埋藏了八百多年以后，终于重见天日。经过文物部门的悉心发掘，这块小小的菜地里，共出土了 1000 多件文物，除了少量的石器和铜器外，绝大部分是精美的宋代瓷器，出土的瓷器共计 1197 件！经过国家文物局文物鉴定专家组的鉴定，这批瓷器中一级文物就有 20 余件，二级文物有 200 余件，三级文物有 500 余件。这就使得金鱼村发现的这批宋瓷，无论数量还是质量都创造了国内外宋瓷出土之最。

也正是因为金鱼村 1990 年代出土的这批瓷器价值巨大，使得当地人意识到挖出的瓷器可以“发家致富”，所以时隔十二年后，当施工队在距离首次发现窖藏 200 米的地方又挖出瓷器，引发哄抢就不足为奇了。

2003 年发现的这批窖藏，埋藏的方式及年代与金鱼村窖藏一样，遂命名为“金鱼村二号窖藏”，二号窖藏里绝大部分瓷器都是龙泉窑青瓷。金鱼村出土的两个窖藏，近千件宋瓷，最后全部入藏当时的遂宁市博物馆。也正是因为这批宋瓷，遂宁市博物馆在 2006 年的时候，由四川省文物局批准，正式更名为“四川宋瓷博物馆”。

两宋时期是中国瓷器史上的一次高峰，龙泉窑的青瓷、景德镇窑的青白瓷都是具有代表性的品类，金鱼村这批窖藏瓷器主要就出自南宋后期的龙泉窑和景德镇窑。其中，龙泉窑青瓷有 402 件（一号窖藏 368 件，二号窖藏 34 件），以各式小瓶占多数，比如有优雅的胆瓶、小巧的贯耳瓶、精致的瓜棱瓶等（图 1）；还有多件造型古朴的瓷炉，如龙耳簋式炉、三足鬲式炉等（图 2）。景德镇窑青白瓷有 784 件（一号窖藏 783 件，二号窖藏 1 件），其中以盖杯、菊瓣盘等日用瓷为多（图 3），还有少量造型精美的文房用具，如蟾形水盂等。

图 1 南宋 龙泉窑青釉贯耳瓶
四川宋瓷博物馆藏

图 2 南宋 龙泉窑青釉龙耳簋式炉
四川宋瓷博物馆藏

图 3 南宋 景德镇窑青白釉莲瓣纹盖杯
四川宋瓷博物馆藏

龙泉窑因浙江龙泉而得名，历经一千六百余年，是中国制瓷历史最长的一个窑系，影响深远。宋代陶瓷工艺已经炉火纯青了，龙泉地区已知的窑址就有三百多处，可见其鼎盛。宋代是一个提倡文治的朝代，朝廷注重礼制，尤其推崇商周之礼。宋徽宗将皇家收藏的古器物编成了《宣和博古图》，并以此为样本大量仿制三代礼器。《饮流斋说瓷》里就提到“宋代制瓷……体制端重雅洁，犹有三代鼎彝之遗意焉”，在这种风尚影响下，崇尚商周古器之风在宋代达官贵人和文人雅士中流行，龙泉窑受到这股崇古风的影响，大量模仿烧制商周古器造型的青瓷。

龙泉窑以烧制青瓷而闻名，釉色苍翠。早期的釉色都有很强的玻璃感，到了南宋的时候，由于发明了石灰碱釉，使得玻璃感减弱，乳浊感增强，这样的瓷器看起来就比较悦目。瓷釉厚润，似天然古玉，这是南宋龙泉窑的一个特点。

景德镇青白瓷的釉色介于青、白两者之间。北宋时期，景德镇陶瓷工匠在当地白瓷生产的基础上，成功地烧制出了色质如玉的青白釉瓷器。青白瓷胎质细密，釉色青白，因铁元素含量极低，所以釉底清澈，胎质细洁，釉色青莹。景德镇的这一项成功发明，很快影响到当时的福建、浙江、广东、广西、安徽、湖北、湖南、四川等省区，相继出现了一批烧制青白釉瓷器的窑场，进而形成了一个庞大的青白窑系。

在数量众多的珍品中，有一件特别引人瞩目的大器。它色如青梅，温润如春水，线条流畅优美，这便是现藏于四川宋瓷博物馆的龙泉窑青釉荷叶盖罐——一件当之无愧的国宝（图4）。这件荷叶盖罐口径为23.5厘米，腹径31.7厘米，足径有16.1厘米，高有31.5厘米，腹围最大处接近1米，罐身圆润，盖沿弯曲呈荷叶状。这件大罐除了唇口和圈足外底部分，通体内外施梅子青釉，釉层肥厚，色泽莹润，釉面光洁平整。早期荷叶盖罐的体型都比较小，而且多是青白瓷，这件荷叶盖罐的体量巨大，是南宋龙泉青瓷中最大的一件，堪称绝品。

荷叶形盖罐这种器型以前一直被认为是元代以后才有的，但是遂宁窖藏出土的这件龙泉窑青釉荷叶盖罐，让我们知道南宋后期就已经有了这样精美的器型，从这个角度上讲，它改写了我们的陶瓷史。意义重大的龙泉窑青釉荷叶盖罐能够保存至今，我们还要感谢当年埋下它的主人。那么，它的主人是谁呢？它为何会出现在四川遂宁的这个小村庄里？要想揭开这些谜团，就要从历史中寻找线索。

四川地区是两宋时期农业、商业最为发达的地区之一。元代脱脱的《宋史·地理志》记载，四川“地狭而腴，民勤耕作，无寸土之旷，岁三四收”，

图 4 南宋 龙泉窑青釉荷叶形盖罐 四川宋瓷博物馆藏

可见当时的四川物产之丰饶。除了农业，盐、糖、丝织品等大量生产，使得四川当地贸易往来异常繁荣。瓷器作为重要商品，此时更是大肆流通。经济繁荣的同时，四川迎来了第三次文化繁荣的高潮（第一次是两汉时期，第二次是五代时期），印刷业一派繁荣，文人荟萃，文学史上的“三苏”、数学家秦九韶等都是代表。当时就有“人文之盛，莫盛于蜀”之说。

遂宁位于四川盆地的中部，涪江中游，东临重庆，西接成都，是四川主要的商贸城市和交通枢纽，号称“东蜀之都会”。在这样一个贸易交流繁盛、人文气息浓厚的大背景下，景德镇窑、龙泉窑精品大批量出现在遂宁就不足为奇了。

金鱼村窖藏出土的瓷器品质优良，器型丰富，而且有的同类瓷器多达数十件。虽然经过数百年的掩埋，这些瓷器仍然完整如新，找不到使用过的痕迹。窖藏中除了瓷器，还出土了十几件青铜小钟，其中有一件青铜小钟上带有“凤翔楼钱鑫”的铭文（图 5）。“钱鑫”的“鑫”，由三个“金”字组成。金子多，一般多用于商店的牌号或人名，就是钱庄的意思；而“凤翔楼”有可能就是钱庄的名字。这个带铭文的小钟平时应该是作为招牌悬挂于商铺某处，此时作为标记同瓷器埋在一处，方便日后主人来寻找这批东西。由此就有专家推测，这批窖藏的珍品有可能是一些未售的商品，它的主人很可能是个商人。

四川是目前国内宋元时期窖藏瓷器出土最为密集、数量最多的地区之一。为什么这么多呢？究其原因，主要是因为四川是宋蒙战争前期的主战场。公元 1234 年春，蒙、宋联军攻陷金国最后的堡垒蔡州，金国灭亡。金国灭亡不久，蒙古就开始在长江中游地区向南宋发起攻势。其实在三年前（公元 1231 年），蒙古就已经率军入侵四川，截止到公元 1279 年南宋灭亡，四川军民进行了近半个世纪的抵抗之战。

图 5 南宋 “凤翔楼钱鑫”铭铜钟
四川宋瓷博物馆藏

宋濂的《元史·汪惟正传》中对这段历史曾有描述:“蜀土数罹兵革,民无完居,一闻马嘶,辄奔窜藏匿。”四川这片曾经物阜民丰的土地,经历过残酷的屠杀和战乱,可谓民生凋敝。《宋史》记载:“成都府路……淳熙二年,户二百五十九万,口七百二十四万。”宋代的“口”指的是成年男子,同龄妇女、未成年人是不计算在内的,按平均每户5人计算,四川人口在淳熙二年(公元1175年)约有1290万。战争结束十一年后,到了至元二十七年(公元1290年),四川地区共计16.5万户,人口大约为82.5万。这就意味着,四川人口从战前的1290万人锐减到82.5万人,可见当时战争之残酷。

在这样的乱世之中,多数人逃难不便携带贵重物品,所以只能就地掩埋,希望还有机会回来。但从上面的数据我们可以知道,大部分人都回不来了,他们或者被杀,或者背井离乡,所以这些东西直到后世才被发现。

这件龙泉窑青釉荷叶盖罐在发掘之初,罐内藏有99件景德镇窑青白釉菊瓣碟(图6)。“九”在中国传统文化中有长久之意,菊花的“菊”也和安居乐业的“居”谐音。据此,我们有了这样的设想:南宋末期,四川

图6 南宋 景德镇窑青白釉菊瓣碟
四川宋瓷博物馆藏

处于战乱之中，龙泉窑青釉荷叶盖罐的主人指挥人手掘开地面，将他最珍视的荷叶盖罐小心翼翼地放在最稳妥的位置上，并装进了99件青白釉菊瓣碟，盖上盖子，期待着国家早日平息战乱，长治久安，家人也能够团团圆圆，安居乐业。

090

唐·钱镠铁券

中国国家博物馆藏

我们都知道，人类文明的发展史，是由石器时代向铜器时代过渡，由铜器时代再向铁器时代过渡。铸铁技术首先出现在中国，在战国到汉代这一时期，从出现到逐渐普及，铁在古人的心目中，就变成最坚硬的东西了（图1）。

由于铁的出现和当时人们的认知，就出现了一种东西叫“铁契”，契约的“契”。铁和契叠加在一起，就是永世不坏的意思，给了你就不是一辈子了，是若干辈子。后来铁契被叫俗了，叫成了“铁券”。还有一种叫“丹书”，丹是红色的，是用朱砂书写的材料。过去帝王颁赐给功臣的诰

图 1 西汉 铁犁铧、铁犁壁
中国国家博物馆藏

封、信约、文书，大多都是用丹砂写的，所以称之为“丹书”。“丹书铁券”是我国古代的一种符契文书，它以铁作为载体，由帝王颁给诸侯和功臣，是证明他们世代享受优厚待遇以及拥有免罪特权的一种凭证，属于古代诰敕制度的一种产物。

现在有很多影视剧里都表现过丹书铁券，意为免死、免死牌。历史上到底有没有这东西呢？肯定是有的。什么时候有的呢？早在汉初就有了。《汉书·高帝纪》中有这样的记载：“（刘邦）又与功臣剖符作誓，丹书铁契，金匮石室，藏之宗庙。”铸铁上刻有刘邦的誓言，当然，这誓言非常感天动地：“使黄河如带，泰山若厉，国以永存，爰及苗裔。”大概意思就是说，即便黄河变得像一根带子那么窄，泰山变成了磨刀石，功臣和功臣的子孙都可以凭借这块铁契被庇护，死不了了。

丹书铁券从某种意义上讲，是帝王统治的一种形式手段，它很好地维系了帝王和功臣之间的关系。历史上，由汉到唐，丹书铁券都是有的，现在从文献记载中能看到很多。汉代的丹书铁券我们没有看到过实物，为什么没有看到过实物呢？因为铁会锈蚀，比铜还容易烂。

现在能看到最早的丹书铁券的实物，就是我们今天说的这件钱镠铁券，也称“金书铁券”，是唐朝倒数第二个皇帝——唐昭宗李晔在乾宁四年（公元 897 年）八月四日赐给彭城郡王钱镠的免死牌。

这个钱镠是什么人呢？皇帝为什么赐给他免死金牌呢？

钱镠是五代十国时期吴越国的创建者。有野史传闻说，钱镠出身很一般，没有什么显赫的背景，但他的出生很有传奇色彩。说他出生的那天夜里，钱家满室生辉，红光闪烁——可没敢说金光，金光那就是皇上了。钱镠的父亲钱宽认为这是不祥之兆，就把他扔在井边，任其自生自灭。他的祖母于心不忍，又把他抱回来抚养，给他起了一个小名叫“婆留”，意思就是婆婆留下来的。

钱镠在唐朝末年的时候，跟随董昌保护乡里，屡建战功。董昌叛唐在越州自立称帝，建立大越罗国。钱镠写信给董昌，劝他说："与其关起门来当皇帝，不如当一个节度使，能得终身富贵！"董昌不听，劝降未果。唐昭宗命钱镠讨伐董昌，在讨伐征战的过程中，钱镠逐渐占据了以杭州为首的两浙十三州。

钱镠先后被唐朝、后梁、后唐封为越王、吴王、吴越王、吴越国王。吴越国地域狭小，三面都是强敌，所以钱镠和他的后代都没有称皇帝，而是依附于中原王朝，向中原王朝进贡，对其称臣。但对内规制还都是按照皇帝的规制进行的，实际上就是个小朝廷。钱镠活了八十一岁，在位四十一年，庙号太祖，谥号武肃王，葬于钱王陵，在现在的浙江临安。他本人还是善始善终的。钱镠在位期间，实行保境安民、休养生息的政策，重视农业发展，大力兴修水利。军事上休兵止戈，从来没有对外发动过大的战争，江南越来越富庶安定。在那个动荡战乱的年代，吴越国富甲江南，存世也最久，一共存在了八十六年。

钱镠铁券，就是唐昭宗犒赏钱镠平定董昌叛唐赐予的一块金书铁券。这是我国现存最早的铁券实物，也是目前保存下来的唯一的唐代铁券实物。现藏中国国家博物馆，是国家一级文物（图2）。

铁券长52厘米，宽29.8厘米，厚只有0.4厘米。它有多重呢？明朝沈德符称过，说它有一百三十二两，这"两"是小两，一百三十二两大概合现在的四千克多，这个重量记载在他写的《万历野获编》中。铁券的形状像覆瓦一样，是弯的。上面嵌着金字，是名副其实的"金书铁券"。诏书内容的具体字数是有争议的，现在国博公布的诏书字数为333个字，史籍上的记载有说322个字的，也有说325个字的。

诏书的内容包括钱镠的爵衔、官职、邑地和据以受封的功绩。诏书中有一段皇帝的誓言："……长河有似带之期，泰华有如拳之日。维我念功

图 2 唐代 钱镠铁券 中国国家博物馆藏

之旨，永将延祚子孙，使卿永袭宠荣，克保富贵。卿恕九死，子孙三死，或犯常刑，有司不得加责。承我信誓，往惟钦哉……”这段文字说明了对钱镠本人可以免除九次死罪，子孙后代可免除三次死罪，如果是一般的罪行，相关人员也就不追究了。

这件唐昭宗赐给钱镠的免死金牌，算起来已经有一千多年的历史了。它是怎么保存下来的？又是怎么成为国家一级文物的呢？这一千多年中，围绕着钱镠铁券发生了很多不可思议的事情。

当时，钱镠接受这个金书铁券时，感动得哭了，他说：“我才四十五岁，就受到皇上如此厚赏，恩重难报啊！”作为吴越国的国宝，钱镠铁券一直供在杭州钱氏祖庙里，保存了将近一百年。宋代太平兴国三年(公元978年)，吴越王钱镠之孙钱弘俶“纳土归宋”，“弘”字跟赵匡胤的父亲赵弘殷的名字犯了忌，所以入宋以后，他就改称钱俶(图3)。钱俶迁宫到河南南阳，

图 3 《钱氏家乘》中的钱俶肖像

最后死在那里。但钱镠铁券及历代皇帝所赐的竹册、玉册、诏诰等家传文物仍旧留在杭州钱氏祖庙里。

宋淳化元年（公元 990 年），太宗调阅铁券。皇帝阅完后，又赐还给钱俶长子钱惟浚，从此铁券就从临安的钱氏祖庙迁出来，改藏在汴京。后来，宋仁宗、宋神宗也都调阅过钱镠铁券，一直到第六世孙钱景臻成为宋仁宗的第十个女儿秦鲁国大长公主驸马，铁券便移藏于驸马府内。

“靖康之变”后，徽宗之子赵构南逃，钱景臻一家也就跟随赵构南逃。他们不嫌铁券分量重，和其他辎重一起携带在身边。当时，大长公主已经七十多岁了，她是赵构的曾祖姑母。高宗赵构在绍兴四年（公元 1134 年）的时候，下诏为大长公主在浙江台州（今临海）建立府邸，让钱氏这一支子孙世居于此，安享尊荣。钱氏家族从此在临海定居下来，成为台州的名门望族。这以后一百多年，钱镠铁券就在临海钱氏中递承，平安无事。到了南宋末年，德祐二年（公元 1276 年），元兵攻破临海。

钱氏祖传的钱镠铁券当时由钱焘保存，他携带铁券逃避到黄岩，在匆忙的逃亡过程中，他把铁券投入黄岩县南泽库（今浙江省温岭市泽国镇）的水中，以求得安全。但他却忘记了投放的地点，于是把这个钱镠铁券给丢了。

对这段铁券丢失的历史，到底是谁弄丢的，说法不一。有一种说法是钱焘带着他的儿子钱叔瞏一起逃避战乱，钱镠铁券带在钱叔瞏的身上，结果钱叔瞏落水而死。元兵第二次进攻临海时，城被攻陷，钱焘也被俘，并被拘留了好几年才放回来，钱焘也记不清楚钱镠铁券丢失的确切地点了；还有一种说法是钱叔瞏带着铁券等传家宝南逃，在兵荒马乱中，钱叔瞏落水而死，从此铁券不知去向。

时隔五十六年之后，有一位捕鱼的人在南泽库的深水中撒网打鱼时捞到了这个钱镠铁券。捕鱼的人一开始很高兴，以为它是金的，用斧头劈了一角，才知道它是铁的，但他不知道这件东西的来历，也不知道它的珍贵，以为就是个不值钱的东西，就把它丢弃在一边。一个偶然的机会，这件东西被邻近村里的一个学究知道了，学究一看就知道它是件宝贝，马上出钱把钱镠铁券买了下来。后来呢，又有人把这件事情告诉了钱焘的儿子钱世珪，钱世珪用十斛谷——十斛谷是多少呢？就是五十斗米——买回了这个钱镠铁券。钱世珪是钱氏宗祠的族长，从此铁券又回到了钱氏宗祠。这样，钱镠铁券又回到了临海钱氏的手中。

可惜的是，由于浸水时间太久，嵌在钱镠铁券后半部的金字大多剥落了。但这是一件传家宝啊，钱氏后裔又小心地把它收藏了起来，一直到元朝灭亡都没有发生什么闪失。到了明朝，洪武二年（公元 1369 年）八月，太祖朱元璋想仿效古代帝王表彰开国功勋的做法，给他的开国功勋赐以铁券。可是谁也没有见过铁券的样子，不知道怎么做。所以就派人到了台州，让钱氏把铁券送到京城来。钱世珪的儿子钱尚德接到圣旨后，不敢怠慢，就把钱镠铁券送到了京城。朱元璋观赏后，命令照这样子雕出了一个模子，并翻刻做成木刻的铁券，又把钱镠铁券交还给钱尚德，让他带回临海，继续保存。

从五代到明朝初年，钱镠铁券在临海钱家保存了五百年，却一直没有用到过——一用就完了，他家就有人犯罪了。

洪武二十四年（公元 1391 年）时，铁券还真的派上了一次用场，这也是钱镠铁券唯一一次派上用场。铁券当时由钱用勤收藏，都察院查勘他在建昌任知府时，在税粮方面有贪腐行为，因而钱用勤被抓。当时，明太祖对贪污的官员个个严惩不贷，钱用勤的儿子钱忡一想到父亲也许会被处死，就如坐针毡。他束手无策的时候，忽然想到家里还供着一块钱镠铁券，那就是免死牌呀！他也不知道这块免死牌有没有用，就抱着死马当活马医的想法，捧着铁券来到了明朝当时的都城南京，没想到朱元璋居然在奉天殿接见了他，钱忡禀奏唐皇赐券及他的先祖“纳土”的功德，没想到朱元璋还真的免除了钱用勤的罪责。此时，距离唐昭宗赐钱镠铁券已经过去了近五百年的时间，换了几个朝代，为什么朱元璋还会因为钱镠铁券而免除钱用勤的死罪呢？

有的专家说，朱元璋当时很可能认为钱用勤犯的不是什么死罪，再加上其先祖钱镠因为对唐朝朝廷的效忠而获得免死牌，因此决定对钱用勤网开一面，可免死，以表示对钱镠忠义的褒扬。这个免死牌有免死的功用，但也不是绝对的，像明朝的开国功勋李善长，朱元璋也赐给过他丹书铁券，但李善长最终还是被杀了。为什么呢？因为他被判的罪责是：明知有叛逆阴谋的事情，不揭发检举，而是徘徊观望，心怀两端，大逆不道！皇帝肯定不会饶恕他。

此后，钱镠铁券一直藏在钱家。乾隆二十七年（公元 1762 年），乾隆第三次南巡时想看这件宝物，便下旨调阅铁券。乾隆不仅看了铁券，还亲题《观钱镠铁券歌》，刻在放置铁券的木盒盒面上，赐给临海钱氏，连同铁券一起还给钱氏保管。

此后，铁券被转藏到临海东门外五十里一个叫“岭外钱”的小村庄。咸丰十一年（公元 1861 年），太平军攻入台州时，钱氏子孙怕铁券丢失，便将铁券放在水井里，等太平军走后，又把它捞了出来，此时的金字脱落得愈发厉害。村里的一些妇女认为铁券铭文上的金可以治疗小孩受惊之类的疾病，便动手挖取。如此一来，金字越来越少，最后只剩下一百八十多个。

光绪年间，钱氏家族派人看守钱氏宗祠，但是，藏在钱氏宗祠里的铁券还是丢了！不久以后，钱镠铁券在嵊县（今嵊州市）出售，被当时任嵊县县令的徐印士出四百银圆购得。钱镠铁券在徐印士那儿没有几年，就被钱氏后裔——民国时曾任旧金山领事的钱文选知道了。钱文选通过在浙江的哥哥与嵊县长乐乡的一大批钱氏族人一起向徐印士力争，终于以原价从徐印士手中赎了回来，一起赎回的还有乾隆御赐的宝匣一只。赎回的时候，长乐乡的钱氏族人很高兴，为了庆贺，他们演了十天大戏。

抗战全面爆发后，据《嵊州县志》记载，1938 年，长乐乡被日军占领。钱氏族人为了防止铁券再次遗失，决定将铁券藏在钱赓麟家的深井里。钱赓麟夫妇为此忙碌了一番，他们先是给铁券涂上油，然后封蜡，再将铁券用棉线缠好，外面再封上蜡。他们生怕铁券浮上来，又绑上铜钱，再投入井里。就这样，钱镠铁券在他们家井里存放了七年。一直到 1945 年，钱赓麟夫妇才把铁券捞上来，并把它藏到商会会长钱元瑞家中。1949 年 5 月，长乐乡解放，钱氏族人决定由钱元瑞代表他们将钱镠铁券捐献给国家。

1951 年，钱镠铁券从钱氏祠堂取出，被移送到浙江省文物管理委员会保管。1959 年，铁券被移交给中国历史博物馆，也就是现在的中国国家博物馆，并被定为国家一级文物。

这件曾经“七登天子之庭，一藏深山，三沉深水”的钱镠铁券，历经千年沧桑，流传有绪，最终有了最好的归宿。用钱镠曾写给夫人的一句话说：陌上花开，可缓缓归矣。钱镠当年是料想不到这个曲折结果的，“陌上花开，可缓缓归矣”是一种期盼的文学意象。但历史残酷，花开花谢，叶生叶落，是一种自然法则，我们不过是相互于其中，成为过客。

091

元·青花鱼藻纹罐

日本大阪市立东洋陶瓷美术馆藏

扫码听我讲
国宝故事

1972 年，在伦敦的一场拍卖会上，一只元代的青花釉里红大罐以 22 万英镑成交，创造了当时中国陶瓷拍卖的最高纪录（图 1）。各大媒体争相报道，这件拍品的买主——坂本五郎瞬间成了古董界的明星，一举掀起了国际范围的中国陶瓷热。

坂本五郎是古董商店“不言堂”的创立者，只要一提到他，就不得不说两件重器：一件就是当年创纪录的元青花釉里红大罐，现在是个人收藏，被尊称为“女王”；另一件就是今天要讲的元青花鱼藻纹大罐，被称为“帝王”。

坂本五郎的一生是个传奇（图 2）。他 1923 年 8 月 31 日出生，在家

图 1 元代 青花釉里红开光镂雕花卉纹罐 坂本五郎旧藏

图 2 坂本五郎

中排行老五，所以叫五郎。他出生的第二天，就发生了日本最著名的“关东大地震”，这是 20 世纪十大地震之一，大约死亡 15 万人，震级比唐山大地震还高，非常惨烈。地震使坂本五郎家的房子一下子就塌了，他的父亲被柱子压坏了腰，刚刚生完五郎的母亲拼尽全力连拖带拽地带孩子们逃出废墟。父亲由于腰伤，几年以后就去世了。一家人仅靠母亲做点小买卖度日。

小学毕业后，坂本五郎去一家海产商店当学徒，一做就是十年。为了养家，他开始经商，买卖旧衣服。同样是老东西，听说古董的利润比旧衣服高很多，于是坂本五郎打算改行买卖古董。他穿梭于各个古董市场，寻觅有价值的老东西，东边买，西边卖，来赚取差价。当然，其中也有买到假货的经历。千挑万选买下一幅画，等拿到别处出售的时候，一问才知是赝品，只卖了原价的一半。越老的东西，作假的就越多。坂本五郎有了许多次打眼经历之后，变得虚心好学，走访了多家古董店，购买了大量书籍学习。

机会往往会留给有准备的人，就在坂本五郎不断积累经验和知识的时候，机会就来了。一天，东京郊区有人要出售一只景泰蓝花瓶和一组银质的烫酒器。有人建议说："坂本君，你不是要去东京的市场吗？那玩意儿最适合拿到东京卖。"可坂本连景泰蓝和烫酒器的名字都是第一次听说，到底是什么东西根本没见过。他立刻就跑去找卖家，看到了实物。卖东西的老人家张口要价一千，无论怎么还价都不肯让步，于是坂本咬咬牙就都买了下来。第二天一早，他直奔东京的无极亭市场，可市场上一个人也没有。一问才知道，原来东京美术俱乐部有活动，下午才开市。这时候来了一位老者，正要前往美术俱乐部，于是两人相约同行。

东京美术俱乐部成立于 1907 年，那年正是中国光绪年的尾声。东京美术俱乐部并不是娱乐场所，而是一个类似于商会的组织，这里的会员都是日本一流的古董商。当坂本五郎走到门口的时候，里面的拍卖已经开始了，场面热闹非凡。正当他无所适从时，之前相识的那须屋茶具店老板野口淑太郎先生喊住了他。野口先生告诉他，不是俱乐部的会员，是不能进场的。坂本心想，能碰到熟人真是太幸运了，他就请野口先生帮忙看了看自己带来的景泰蓝和烫酒器。野口先生看完后说："能卖个好价钱。"然后就出面把坂本带来的器物拿进去拍卖。仅景泰蓝花瓶，一开口便拍出了一万円。年轻的坂本激动不已，想不到只是换了个地方，一千円两件的东西，仅一件就拍出了一万的高价！眼前发生的这一切都像是在做梦。

这就是坂本五郎进入古董界的契机。刚开始的一两年，他都是以那须屋店员的身份参加。当时拍卖场的座次都是按会员的资历排列的，正面前排座位都留给最有名望的古董商人。坂本暗暗下定决心：将来有一天，我自己也要坐到最前排的位置。他知道，在这一行，自己比别人晚了十年，就要用十倍的努力来弥补。

1947 年，坂本五郎在自己家开了店，商号叫"不言堂"——取自《史记》中的"桃李不言，下自成蹊"这句话（图 3）。创业之初，他一听说哪个

图 3 不言堂

地方有好东西，就赶紧奔过去；谁手上有好东西，不管认不认识，都跑去拜访；只要是能赚钱的，无论是茶具、瓷器、西洋古董还是刀剑，他都会去收。生意的范围越来越广，足迹也遍布日本全国。这就是我们常说的做生意“三勤”：眼勤、嘴勤、腿勤。

1960年，坂本五郎前往东京日本桥开店，从此开始了海外生意。一年中，他总有几回要跑到国外去搜寻宝贝。在当时，对日本人来说，出国是非常罕见的。坂本跑到国外收购老的日本瓷器，回国后再高价出售。到了1972年，坂本五郎拍下青花釉里红大罐后，名声大噪。两年后，因缘际会，他进入美国布鲁克林博物馆参观，见到了元青花鱼藻纹大罐（图4），喜欢得不得了，便让懂英文的店员写信给博物馆，说我想把那件买下来。但博物馆回信说：“这是馆里唯一的一件陶瓷精品，恕不出售。”

无巧不成书。两三个月后，在东京美术俱乐部的交换会上，突然出现

图 4 元代 青花鱼藻纹罐
美国布鲁克林博物馆藏

了一只元青花鱼藻纹大罐。这时的坂本五郎正在熊本出差。晚上十点左右，店员激动地打电话告诉他，说："当家的，这儿有件元代的鱼藻纹大罐，很像您在博物馆里看到的那件。"坂本五郎马上就来了兴趣，赶紧让店员去看看这件器物，看看现场的氛围如何，其他会员做何反应也要一一向他汇报。现场有人说这是真的，也有人说这是仿的。但坂本远在他乡，不能亲眼看到，只能干着急。他索性对自己说："咱赌一把！"就给店员打电话说："无论如何，给我买下！"

店员问："当家的，这个大罐子，要是上了两三千万，那可怎么办呀？"

坂本下定决心，告诉店员："我说的无论如何都要买下，就是要你给我出最后一口价！"

当时，会场上开价"一千五百万"，随后就有"两千万""三千万"的声音。不言堂开口就是六千万！会场瞬间就安静下来了，没过一会儿，后面又有人喊"七千万""八千万"，最后，不言堂以九千万的价格落锤。但后面还有一个抽签的环节，日本有这样一个规矩：落锤以后如果还有人想要的话，就以抽签的方式决定拍品的去处，抽中的人付钱带走拍品。这是俱乐部的一个规矩，即使你以最高价拍下来，也不能贸然拒绝这件事儿，谁抽中，这东西交了钱就归谁。没想到幸运之神终究还是眷顾不言堂，让不言堂的店员抽中了。

此时的坂本五郎还在焦急地等待着回音，电话终于响了。

坂本问："怎么样？"

店员说："买下来了！"

坂本说："干得漂亮！多少钱？"

店员说："九千万。"

坂本五郎瞬间惊呆了，没说话。虽然自己说了无论如何都要买下，却没想到是如此天价，按照当时的市场行情，是最高价还翻了两番。但不管怎么说，买下来就好。他说："赶紧把器物带回家，我到之前谁都不准看。"然后他就急忙赶回东京的店里，一路上他的心情都无法平静。当坂本赶回来时，已经是深夜了。他进到房间里，先在母亲的遗像前拜了一拜，祈祷这是真品。在推开屋内的门后，他终于看到了实物（图 5），下一秒就举起双手，欢呼了一声："万岁！干得漂亮！"

后来坂本回忆说，当他看到这件名副其实的珍品时，马上就满血复活了。店员们也特别高兴，还一起举行了一个小小的庆祝会。这是毋庸置疑的世界第一名品，比布鲁克林博物馆的那件还要好。这让他一下子就忘记了旅途的疲惫，在清洗了罐上的陈年污渍后，坂本还跟它一起泡了个澡。坂本心里想：这件大罐在中世纪来到日本，到今天还能完好无损，令人不得不感叹。真是神佛保佑，上天赐给我一个大礼！于是，他又到母亲的佛坛前拜了一拜，在大罐前面享用了一顿极为美味的晚餐。但晚上他却睡不着了，总想着再看一眼，一夜要醒好几次，然后起身一个人在房间里静静地欣赏着这件大罐。坂本想起小时候，父亲死后，母亲常常卖鱼，而自己也曾在海产商店里打工。成为古董商后，他依然喜欢鱼的纹样。这就是文

图 5 元代 青花鱼藻纹罐 日本大阪市立东洋陶瓷美术馆藏

化的缘故，也是他个人的情结。他打算将这件鱼藻纹大罐留在身边一辈子，奉为家宝（图 6）。

很多人找到坂本，想要买下这件鱼藻纹大罐，都被坂本回绝了。这个时候，负责帮安宅英一收藏瓷器的伊藤郁太郎也联系到了坂本，表示想以一亿五千万的价格购买，但坂本说什么也不肯卖。安宅英一，就是前文介绍过的“安宅收藏”的主导者，他收藏了飞青瓷玉壶春瓶，伊藤郁太郎是专门负责帮他买瓷器的。安宅收藏的瓷器，后来都进了大阪市立东洋陶瓷美术馆，伊藤担任了第一任馆长。在与坂本沟通无果之后，伊藤打算放弃，把这件事报告给了正在瑞士的安宅，说：“老板，我都出价到一亿五千万了，人家根本不搭理我。”安宅说：“行了，我来跟他直接谈。”

在买下青花鱼藻纹大罐的两三天后，坂本突然在晚上接到了一个从瑞

图6 安宅英一手持元青花鱼藻纹大罐

士打来的电话，对方正是安宅英一。他说："我马上更改行程，明早就回国，请务必让我看看那件大罐，一下飞机我就赶过去。"安宅先生是大客户，他要亲自上门，坂本也不好拒绝，但这件青花鱼藻纹大罐是母亲支撑这个家庭的象征，上面又有自己感触极深的鱼纹，于是，坂本面前又多了一个难题。

据说这件器物是从旧大名家中获得的。大名是日本特有的称谓，有点像中国的藩王。当年，这家主人将好几件器物一起委托给茶具店拍卖，对方的要求是：这件大罐一定要卖到十万円以上，其他东西随便卖。没想到这件大罐最后以九千万的高价成交，受委托的中间人也是大吃一惊。而这个中间人，恰恰正是坂本五郎刚刚踏入古董界时的恩人。这次坂本五郎能用高价把他经手的这件器物买下，也算报了恩。

这件元青花鱼藻纹大罐，器身中段绘有莲池、鳜鱼、草鱼等内容，是元代瓷器上常见的纹样。"鱼"和"余"字同音，包含了财富、好运有余的吉祥寓意。同时，鱼类产子繁衍，又被赋予了子孙兴旺的象征意义。对于坂本五郎来说，鱼纹又多了一层文化情结。

安宅英一从瑞士飞回日本亲自找到了坂本，说我非买不可，坂本也为难了一阵子。最终，这件青花鱼藻纹大罐以约两倍的价格卖给了安宅英一。但坂本每每回忆起这件事来总是很舍不得，常说自己卖亏了。他说："虽然不想卖，但自己确实也没钱，没有办法。"做生意就是这样。但伊藤却为此愤愤不平，说："什么叫卖亏了？你九千万买的，我们一亿八九千万买下，你哪里亏了啊？"但文物的价值，确实是不好衡量的，每个人心目中都有自己的标价。这件器物现在在大阪市立东洋陶瓷美术馆展出。

从一无所知的门外汉，到名冠昭和的古董商，坂本五郎的一生非常励志。其中少不了他自己的勤奋好学和吃苦耐劳，更有他的勇气和谋略，让中国陶瓷一次又一次地引起世界的关注。

我们祖先所创造的瓷器瑰宝，也正是因为有了这些独具慧眼的古董商和收藏家的赏识，才让我们今天依然能大开眼界，为之惊叹！

092

清康熙·近卫花瓶

德国德累斯顿茨温格宫博物馆藏

中国清代康熙瓷器展陈最多的地方并不在国内，而是在德国的德累斯顿。康熙朝的瓷器是中国瓷器的一次全面复苏，有点类似欧洲的文艺复兴。

明代中后期，中国的瓷器质量全面下降，品种也减少了。到了清代，定鼎中原后，尤其康熙平定三番后，将制瓷提到了朝廷议程中。大量已经消失的品种和技法都得以重现，比如著名的红釉、金彩等，都是在康熙朝恢复烧造的（图 1）；五彩瓷器也在此时焕发出一种新的面貌（图 2）；后面也有人评论康熙青花，说康熙青花独步本朝（图 3）。

图 1 清康熙
白釉描金开光红彩花蝶纹棒槌瓶
颐和园管理处藏

图 2 清康熙
五彩耕织图棒槌瓶
故宫博物院藏

图 3 清康熙
青花海水云龙纹瓶
上海博物馆藏

今天在全世界范围内，最能展现康熙瓷器整体面貌的地方，就是德国的茨温格宫，里面的瓷器多达 3.5 万件，光康熙朝的瓷器就有 2 万多件，而且质量非常高（图 4）。这事儿就有点奇了，凭什么德国的宫殿藏了世界上最多的康熙瓷器呢？

收藏瓷器的茨温格宫，位于德累斯顿，萨克森选帝侯奥古斯特就出生在这里(图 5)。“选帝侯”是指德意志诸侯中有权选举神圣罗马国王的诸侯，最初有 7 位选帝侯，各自在领地内政治独立，拥有司法、铸币、采矿、征税等国家主权。这是德国历史上的一种特殊现象，现在德国的城市里还有以“选帝侯”命名的街道，如柏林的选帝侯大街，这有点像我们的王府井大街。

萨克森选帝侯奥古斯特分别在 1697 年—1706 年和 1709 年—1733 年两次当选为波兰国王，德累斯顿就成了萨克森王国的首都。奥古斯特在位

图 4 德国德累斯顿茨温格宫博物馆收藏的康熙瓷器

图 5 萨克森选帝侯奥古斯特即奥古斯特二世

期间，把德累斯顿打造成了欧洲的文化名城。

1709 年，奥古斯特二世计划建造茨温格宫，在 1710 年—1719 年间，建筑设计师珀佩尔曼用砂岩修建了茨温格宫。二战期间，德累斯顿遭英美盟军空袭，这座拥有数百年历史的老城变为了废墟。战后，德国人依据历史档案，按照原样修建，他们执着谨慎、稳重严谨的性格，使重建茨温格宫成为现实。

重建的过程中，人们尽最大可能地从茨温格宫的废墟中挑选建筑材料，重新拼接，再根据照片和设计图纸等资料进行精确的复制。许多建筑构件被精心地保留了下来，成为原料的一部分。在被夷为平地的 18 年后，也就是 1963 年，基本恢复了茨温格宫的原貌。如果你有机会过去参观，就会看到上面黑色的石头就是原建筑的部分，浅黄色的石头就是新建的，这在复原的建筑上清晰可辨。

1697 年，奥古斯特二世第一次成为萨克森统治者和波兰国王后，立即对艺术品收藏表现出浓厚的兴趣。根据记载，奥古斯特二世第一次购买中国瓷器是在 1698 年，这是他最早的一批收藏，风格属于克拉克瓷。1602 年，荷兰的东印度公司成立，在此后的 50 多年时间里，他们将 300 多万件中国瓷器运往了欧洲。明清之际政治动荡，景德镇制瓷业遭到破坏，东印度公司转向日本寻找替代品（图 6）。康熙朝中期，景德镇御窑厂制瓷业复苏，中国瓷器贸易也得以恢复，这些新瓷器和日本瓷器一起被运到了欧洲。中国瓷器以物美价廉、产量大等优点，渐渐地替代了日本瓷器。这些瓷器在荷兰拍卖，吸引了全欧洲的买主。

奥古斯特二世亲自过问瓷器购置，他命令属下说："我只希望买货真价实的瓷器。"他的藏品几乎可以涵盖 17 世纪所有种类的中国瓷器。在这些瓷器上，描绘着身穿长袍的中国人踏青、喝茶等享受闲暇时光的场景，也有青山碧水环绕的亭台楼阁。欧洲人看着瓷器上描绘的幸福生活，遥想

图 6 德国德累斯顿茨温格宫博物馆收藏的日本瓷器

着远在东方的理想国度。

为了给奥古斯特二世购买瓷器，负责采办的人员在日本和阿姆斯特丹一待就是 3 年。他总是在商船出发的时候报告，内容很有意思。有一则报告说：“我不会把那件中国花瓶展示给俄国沙皇彼得大帝，虽然他也对中国瓷器感兴趣，但他没有那么多钱。”那时候的奥古斯特非常有钱，所以总能买到最好的而且是成套的瓷器，这在其他收藏中很难找到。

奥古斯特二世因其身形魁梧、力大无穷，绰号“强力王”，据说他可以徒手折断马蹄铁、单手破墙。但这位号称“铁腕”的君王，却对易碎的瓷器情有独钟。他自嘲说，自己对这种纤巧美丽、价值连城的瓷器有着无法抑制的热情，他称自己生了病——对瓷器如痴如狂的“瓷器病”。其实，这是一种高度兴奋后的精神依赖，现在有很多人都这样。比如有的人在特别难过的时候就想购物，购物以后就会减轻心理压力。这有点像现在的女生喜欢买包，一个接一个地买——“包治百病”。还有很重要的一点，就是那个时候的欧洲人并不知道如何烧造瓷器，完全依靠进口，瓷器的价格有时比黄金还贵，因此，国王的内心就产生了对瓷器的依赖。

可能由于毫无节制地大量购买瓷器，导致财政吃紧，奥古斯特二世遂在全国寻访炼金术师，希望炼造出“贤者之石”——传说中能够将一切触碰的金属变为黄金的石头。他听说有一位年轻的炼金术师博特格能够炼出黄金，国王就要求博特格来皇宫“做客”。但这位年轻人心里很害怕，赶紧开溜，可惜没溜掉，又被带到了德累斯顿。

这一次，博特格是被抓回来的，那他就不再是“客人”了。国王也很不客气，把他囚禁在城堡里，命令他创造“贤者之石”，让他没日没夜地研究，不炼出黄金就不给自由。接下来几年的时间，博特格被关在德累斯顿的地牢中。到了1704年，炼金依然没有结果。着急的国王又加派了契恩豪斯来督促这位年轻的炼金术师。契恩豪斯是当时著名的数学家、物理学家、哲学家，更是一名长期致力于研究陶瓷制作方法的科学家。

在几近绝望的困境中，博特格开始意识到，与契恩豪斯合作研究陶瓷的配方，或许是自己唯一的活路。虽然造不出黄金，但如果能造出贵为“白金”的瓷器，那么既能让国王满足，又能保住自己的小命。就这样，博特格加入了契恩豪斯的陶瓷研究项目，在1707年12月的时候，成功以1300℃以上的高温试烧出了硬质白瓷。但在1708年11月，研究的主导者契恩豪斯突然辞世，博特格便挑起了遗留下的担子。4个月后，也就是1709年3月，博特格正式宣布研制出了瓷器。虽然他的制瓷比中国晚了一千多年，但在欧洲陶瓷史上意义重大。

接下来的1710年，奥古斯特二世创建了世界上著名的迈森瓷厂，开辟了欧洲的陶瓷工业史。由于奥古斯特酷爱东方陶瓷，他要求手下精确仿制宫里的藏品。所以，我们能看到很多迈森瓷器在外形和图案上都有模仿和

图 7 德国德累斯顿茨温格宫博物馆收藏的仿东方风格瓷器

复制东方瓷器的倾向（图 7）。

即便是自己能够做瓷器了，奥古斯特二世对中国瓷器的热情依然不减。在 1717 年，为了得到普鲁士国王的 151 件中国瓷器，他以 600 名全副武装的萨克森近卫骑兵去交换。这批瓷器是 1675 年—1700 年之间，也就是康熙时期的外销瓷器。形制非常大，都带着盖子，个个都是一米以上的超大瓶子。今天如果去德累斯顿的茨温格宫就能看到这些陈设，这一组都是落地展览的。前文讲过的一对“大维德瓶”是以人名命名的，而这一组瓶子则是以军队命名，叫“近卫花瓶”（图 8）。

这组近卫花瓶最初是 1700 年，英国东印度公司进献给普鲁士王后夏洛特的，当时就装饰在柏林的夏洛特堡里（图 9）。夏洛特王后很喜欢这些瓷器，以她的名字命名的夏洛特堡也是一个装满了瓷器的宫殿，墙上密密麻麻全部都是明清的外销瓷。1717 年，夏洛特王后去世，奥古斯特二世就特别想得到王后的这批瓷器，最终以 600 名全副武装的龙骑士，同普鲁士国王换

图 8 清康熙 近卫花瓶 德国德累斯顿茨温格宫博物馆藏

取了这 151 件康熙瓷器。所以这组花瓶在欧洲被称为“龙骑士瓶”“近卫花瓶”或者“士兵花瓶”。

龙骑士，并不是骑龙的士兵。这里的“龙”最初是指一种火器，类似我们说的手枪；“骑士”也并不属于骑兵科，而是骑马移动到战场的步兵，战斗的时候还是要下马的，骑马只是为了提高机动性。历史上，德国的龙骑士团曾被指派为皇家的近卫军。狭义的“近卫花瓶”就指当初奥古斯特二世换来的这 151 件康熙瓷器，有青花的，也有五彩的，非常大气。后来，欧洲人把这种高大的、带盖子的类似的瓶子，都广义地称为“近卫花瓶”。

拿士兵换花瓶这件事，在当年是一件外交大事。600 名龙骑士是一个军团，而且全副武装，意味着军服、军帽，包括武器都要装备齐全。龙骑士是乘骑步兵，按理说不光要送 600 名士兵，连马匹都要算上。但 600 匹马没有包括在这笔交易之中，也可能是后来没有送到普鲁士国王的手上，

图 9 夏洛特王后

总之，交换瓷器的仅仅是 600 名龙骑士，并不包括他们的坐骑。

1720 年之后，奥古斯特二世购置瓷器的数量飞速增长，以至于购买了一座宫殿专门放置瓷器，这个宫殿被称为“日本宫”，位于茨温格宫的斜对面，也是德累斯顿瓷器收藏的重要组成部分。1722 年，也就是清康熙的最后一年——康熙六十一年，国王决定把日本宫打造成世界上最壮美的瓷器宫殿。整座建筑物被称作“印度风格”，里面放的是中国、日本的瓷器和德国的迈森瓷器。日本、印度、中国，在我们看来是完全不同的国家、完全不同的文化，但当时的西方人是分不清这些的。他们觉得这些都是东方的，隔着那么远，都是一回事。就像我们今天有很多人以为欧洲都是一回事，分不清英国、法国、德国一样。

在 1726 年的 5 月 22 日，奥古斯特二世写信给他的首相说：“我陷入了对荷兰橘子树和中国瓷器艺术的狂热追求中，正毫无节制地购买和收藏。”今天我们在瓷器馆中看到的青花大缸底部都打有孔，就是当年用来种植橘树时留下的痕迹。

1733年，就在日本宫即将完工的时候，奥古斯特二世去世了。尽管接班人奥古斯特三世继续完成了日本宫的建设，但二世的辞世，意味着对东方瓷器的热情终结，一场奢华的陶瓷盛宴也戛然而止。

现在，茨温格宫的内部被开辟成博物馆，这里的陶瓷馆是世界上收藏瓷器最多的博物馆之一。二战的时候，茨温格宫的瓷器都被提前撤离了，所以才躲过了盟军的轰炸，让我们今天得以看到如此完备的收藏。

我在2014年3月去过德累斯顿，当时饶有兴趣地看了一天奥古斯特二世收藏的众多瓷器，许多精美硕大的外销瓷，尤其是康熙瓷器，我都从未见过，又听到了他以士兵换瓷器的故事，心里很是满足。回来的路上路过该市最著名的圣母大教堂时，我的手机突然接到一个信息，说IDG的创建人老麦——麦戈文去世了。我和他见过面，我长长地叹了一口气，走进教堂坐了会儿。老麦走得很突然，我坐在圣母大教堂中默默为他祷告，我也不知道他是不是基督教徒。我觉得这是一种人生的缘分，是我与老麦之间的一种缘分。这缘分能让我安静地坐在全世界最大的砂岩建成的、毁于二战盟军轰炸、后又集资重建的圣母大教堂中，遐想过去与未来这一永恒的话题。

其实，瓷器也是这样，它有过去，有现在，更有将来。茨温格宫的这组近卫花瓶自康熙年间漂洋过海运往欧洲，至今已逾三百年。三百年的时间对我们来说，要走至少十代人，但对近卫花瓶来说，这三百年不过一瞬。

093

春秋·蔡侯申方壶

中国国家博物馆藏

寿县是一个并不很出名的县城，隶属于今天的安徽淮南市。1955年5月，治理淮水的一队民工为加固城墙，就在城墙西门内的北侧取土。挖着挖着，一个民工的铁锹就碰到了坚硬物，发出了叮当的清脆响声。其他人都聚拢过来观看，发现是两件甬钟。“挖到文物了！”大家都兴奋起来，施工负责人马上上报文物部门，请专家来辨认、鉴定（图 1）。

随后，专业人员进行了清理发掘，发现墓葬的位置向西至城墙约 40 余米，墓葬的形制为土坑竖穴，南北长 8.45 米，东西宽 7.1 米，深有 3.35 米，

图 1 春秋 蔡侯编钟 安徽博物院藏

图 2 春秋 蔡侯盥缶 安徽博物院藏

没有墓道。墓坑正中略偏南有长 2.4 米、宽 0.8 米的漆棺痕迹，满铺朱砂一层，厚约 2 厘米。朱砂下面有玉佩、玉璧和扁形玉环等，其间排列着各种形状的金叶，偏东处有 1 把铜剑。墓主人尸骨无存，从玉饰、金叶的排列次序与铜剑的位置可知是头北足南。

墓坑中的陪葬品极其丰富，共出土各类文物 584 件，有青铜器、金器、玉器、骨器、漆器等。这其中，青铜器就有 486 件！鼎、钟、鬲、豆、缶、方壶、鉴、尊、盘、编钟等，应有尽有（图 2）。而且多件青铜器上还发现了铭文，这对确认墓主人的身份和了解当时的历史有着极其重要的文献价值。

就在专家们仔细查找并解读青铜器的铭文时，一件高 80 厘米的方形铜壶引起了他们的注意（图 3）。这件壶的壶口约 18 厘米，向外敞开，长颈，壶的腹部呈圆形，装饰繁缛的蟠虺纹，并有十字界栏。铜方壶两耳为兽形衔环，四兽作足，装饰得非常华丽。盖顶采用中原流行的式样，设计成镂空的莲瓣形，清新盎然，与莲鹤方壶有点相像（图 4）。

虽然它被称为“壶”，但跟我们现在使用的壶不是一个概念。先秦到

图 3 春秋 蔡侯申方壶 中国国家博物馆藏

图 4 春秋 莲鹤方壶 故宫博物院藏

汉代时期，壶都是哪儿进水哪儿出水，而且它的主要功能不是倒水，而是盛水，与尊的功能相近（图 5）。魏晋南北朝以后，壶就渐渐不同了，有了入水口和出水口，也就是我们俗称的“大进小出”，这才和我们今天壶的概念相吻合（图 6）。那么，这件高大的容器为什么叫作“方壶”呢？其实青铜时代还没有现在的壶的概念，它本应该称为“尊”，只是我们按照今天的习惯，管它叫“方壶”而已。

专家们一看这壶，真是漂亮、精美，当时铸造出来的时候是金黄色的，那得多耀眼夺目啊！壶是盛酒器，它的主人是谁呢？出于职业习惯，他们开始在器身上寻找铭文，从上到下，翻来覆去，仔仔细细看了个遍，但没发现一个字。接着，再往壶身里面看，隐约觉得内壁上有字，这让人兴奋

图 5 商代 青釉原始瓷尊
郑州博物馆藏

图 6 东晋 青釉点彩盘口鸡首壶
温州博物馆藏

不已。经过小心地清理，在壶的颈部内壁上果然有六个字的铭文：“为蔡侯申作器”。这个发现也更加确定了这个墓葬的主人就是蔡侯申。

蔡侯申叫姬申，姓姬，名申。姬姓是灭亡了商纣，建立起西周王朝的王室家族。蔡国的始祖就是周武王的弟弟，最早的封地就在今天的上蔡县，属于河南驻马店市。那蔡侯申的墓葬怎么跑到安徽淮南市的寿县来了呢？

蔡侯申是蔡国的第二十位国君，此时的蔡国国力衰弱，在他当上蔡侯时，国都已经从上蔡迁到了新蔡。新蔡也在河南，新蔡县这个名字，就是因为当年蔡国迁都于此而得来的。可是，新蔡县距离寿县也有约 200 公里，这在古代是个极其遥远的路程，蔡侯申为什么会远葬到寿县这个地方呢？这就不得不说说楚国了。

蔡侯申时期，中国已经处在春秋末、战国初的时代，大国崛起，互相征伐，小国难以独存，只能依附于大国，仰其鼻息。蔡国就是这样，不得不归附于楚国而成为其附庸国，时时听命。这时的楚国国君是楚昭王，他的父亲楚平王抢娶了儿子太子建的新娘——秦国的美女伯嬴，后来使太子建和伍奢父子蒙冤被杀，而伍子胥逃离楚国，去了吴国。楚平王与秦女伯嬴生下的儿子后来继位，就是这位楚昭王。

公元前 509 年，楚昭王得到铸剑大师欧冶子铸造的一把宝剑——湛卢剑。传说这把剑到了哪里就会给哪里带来好运，他非常高兴，认为这是个祥瑞之兆。为此，楚昭王专门举行了一场隆重的庆祝活动，特别邀请了楚国的附属国蔡国、唐国、陈国、曹国等国君到楚国的国都——郢都，也就是现在的湖北江陵来参加这场盛典。

蔡侯申接到请柬，赶紧着手准备一份厚礼，不敢怠慢了主国的国君。经过认真地考虑和仔细挑选后，他带着羊脂白玉佩和银貂鼠裘等贵重礼品前往楚都，把贺礼献上。楚昭王很高兴，收下了珍贵的礼品，然后就开始大摆宴席。酒宴之上，蔡侯申也穿裘戴佩，满面春光。在钟鸣鼎食、觥筹交错之间，他身边一件精美华丽闪闪发亮的铜方壶吸引了一个人的目光，他，就是楚国的令尹，相当于宰相的囊瓦。

囊瓦掌管着楚国的军政大权，是楚国的最高长官。他看见蔡侯申身边的酒壶太精美了，就想据为己有。盛宴结束后，囊瓦派手下人去向蔡侯申讨要这件铜方壶，蔡侯申舍不得把这件专门为自己铸造且自己倍加喜爱的宝物送人，一口回绝了囊瓦的索求。囊瓦怎么也没想到，作为属国的国君，蔡侯申竟敢如此大胆，因为一件小小的酒具竟回绝了他。他讨宝不成，恼羞成怒，下令把蔡侯申一行人扣押在馆驿中，然后向楚昭王诬陷蔡国私通吴国。得到楚昭王的默许后，囊瓦派出大批士兵对蔡侯申进行看守，这一关就是三年。

蔡国的臣子们不见国君返国，不知怎么得罪了楚国，耐心地等候却始终没有结果。国无君主，何以为国啊？他们就着急了，经多方奔走打点，终于探明原委，赶紧想办法，偷偷地把铜方壶拿了出来，献给了囊瓦。囊瓦得到了宝壶，心满意足，于是就放了蔡侯申归国。蔡侯申归国后，得知原委，又不见了宝壶，心中愤恨不平。楚国以往对他的侮辱也历历在目，使他食之无味，夜寝不安。为此，蔡侯申作出了一个改变国策的重要决定：与楚国断交而结盟于吴国。他把儿子送到了吴国当人质，向吴国表达了联盟的诚意和决心。

此时，吴国与楚国连年交战，是两个敌对的国家。吴王阖闾正在聚集力量，准备伐楚，他欣然接受了蔡国的示好。阖闾做公子时，就结好从楚国逃来的伍子胥，谋划篡夺王位。伍子胥为他找到了刺客专诸，以“献鱼刺王僚”成功政变，使阖闾登上王位，成为吴王，所以阖闾对伍子胥倍加信任。后来，伍子胥又为吴王阖闾举荐了一个齐国人——孙武，也就是写《孙子兵法》的军事天才。伍子胥尽心尽力地帮助吴王阖闾，就是希望能够借助吴国的力量，有朝一日攻灭楚国，为父兄报仇。

公元前506年，吴国发动了一场对春秋时期历史影响重大的伐楚战争。吴国与蔡国组成联军，由孙武统帅吴军，蔡国协同作战，吴王阖闾和蔡侯申都亲自参加了作战。在孙武的指挥下，吴蔡联军一路挺进，一场关乎生死存亡的大决战在柏举（今湖北麻城）展开，这也是一场历史上著名的“以少胜多”的战役。

吴军声东击西，连夜奔袭，出其不意，攻其不备，以三万人一举击败楚军主力大军二十万。作为楚军最高军事统帅的囊瓦败逃到了郑国，后因形势所迫被逼自杀。孙武指挥吴国大军连续五战五捷，楚军被打得全线崩溃，吴蔡联军势如破竹，一直打到了楚国的国都——郢都。这就是著名的“柏举之战”。

吴军攻陷了楚国都城，阖闾进入后宫，恣意纵情，忘乎所以。伍子胥呢？他找到了楚昭王的父亲楚平王的墓葬，《史记》中记载他“出其尸，鞭之三百”，就是把楚平王的尸体从棺材里拖出来，然后对着尸骨抽了三百鞭。你看，这得有多大的仇恨呐！

那蔡侯申呢？他率领着蔡军直奔囊瓦的宅院，一进门就找他的铜方壶，还有玉佩和银貂鼠裘，所幸囊瓦并没有把这些带走，蔡侯申心满意足地抱着他心爱的铜方壶回到了蔡国。

当年，伍子胥在逃离楚国前，曾对好友申包胥发誓说：“我一定要灭亡楚国。”申包胥说：“吾必复楚国。”意思是我一定要解救楚国。现在，兑现诺言的时刻到了，申包胥连夜奔赴秦国，希望秦国出兵救楚。秦哀公听了申包胥的哭诉，根本不为所动，退朝回宫。申包胥就在秦国宫门外跪哭了七天，不吃不喝，终于感动了秦哀公，同意出兵五百乘帮助楚国复国。其实，秦哀公的妹妹是楚昭王的母亲，秦国出兵，也是舅舅救外甥呢。这时的吴国发生了内乱，只好匆忙退兵，使楚昭王得以复国了。

再说楚昭王，听说吴国大军逼近国都，他无兵抵御，只能带着一些亲属、宗室和近臣狼狈逃往随国（今湖北随州）避难。楚昭王复国后，对蔡侯申恨之入骨，不断命令楚军攻打蔡国。蔡国弱小，不敌强楚，连续丧城失地，蔡侯申抵御了十多年后，只好于公元前 493 年，把国都又从新蔡迁到州来（今安徽淮南市凤台县）。凤台县与寿县相邻，近在咫尺，这也就是蔡侯墓葬在此处的原因。

可是，这并不能阻止楚国的继续侵占。迁都使蔡国内部的矛盾加深，因为贵族大夫的利益受到了很大损失，他们的房产田地无法带走，也就怨恨起蔡侯申了。过了两年（公元前 491 年），蔡侯申准备继续向南迁都，以求得到吴国的保护。蔡国的贵族大夫们强烈反对，他们勾结在一起，找了一个叫“贼利”的人把蔡侯申刺死，然后推立他的儿子蔡成侯为国君，希望能够改善与楚国的关系。但是，到公元前 447 年，楚昭王的儿子楚惠王还是灭亡了蔡国。

我们在前文讲曾侯乙墓编钟时说过，在 65 件编钟里，有一件很特别的镈钟，是楚国赠送的，原因就是楚惠王为感谢曾侯乙的父亲在危难时刻保护了他的父亲楚昭王（图 7）。

蔡侯申被刺死后，蔡国举行了隆重的葬礼，为他陪葬了丰富的殉葬品，以青铜器为主，特别是这件铜方壶，是蔡侯申生前的心爱之物。从公元前 491 年蔡侯申被刺死算起，到 1955 年 5 月发现安徽寿县蔡侯墓，它陪伴着蔡侯申在地下一直长眠了 2446 年，和它的主人结下了不解之缘。由于它

图 7 战国 楚王熊章镈 湖北省博物馆藏

的重要性，出土后被调拨至国家博物馆。

现在，这件蔡侯申铜方壶静静地伫立在国家博物馆的通史展览中，默默地承载着那些发生在两千多年前的故事。

094

清乾隆·田黄三联玺

故宫博物院藏

这件国宝的故事要从清朝末代皇帝爱新觉罗 · 溥仪被赶出紫禁城前的那一段时间说起。

那是 20 世纪初，辛亥革命爆发后，清朝已经结束统治，但溥仪等人依然享有当时民国政府给予的优待条件，仍居住在紫禁城内。用他自己的话说，那段时间他在紫禁城的生活已经是过得天昏地暗，从他懂事的时候起，就时常听说宫里发生盗案、火警，以及行凶事件。到他结婚的时候（图 1），也就是 1922 年，宫内偷盗已发展到刚行过婚礼，由珍珠玉翠装嵌的皇后凤冠上的全部珍宝就被整个换成了赝品的地步。紫禁城表面上一片平静，但大内的秩序却乱糟糟一团。

图 1 溥仪大婚场景

就在溥仪结婚的前一年，当时溥仪只有 16 岁，有一天在好奇心的驱使下，他叫人打开建福宫那边的一座库房。库门的封条很厚，至少有几十年没有开过了。满屋都是堆到天花板的大箱子，箱皮上有嘉庆年的封条，里面是什么东西呢？谁也说不上来。他就叫太监打开一个，一看全是手卷字画和非常精巧的古玩玉器。后来弄清楚了，这是当年乾隆自己最喜爱的珍玩。乾隆去世以后，嘉庆帝下令把那些珍宝玩物全部封存，装满了包括建福宫在内的许多殿堂库房。溥仪在养心殿后面的库房里又发现了许多很有趣的百宝匣，这也是乾隆当年的玩物（图 2）。

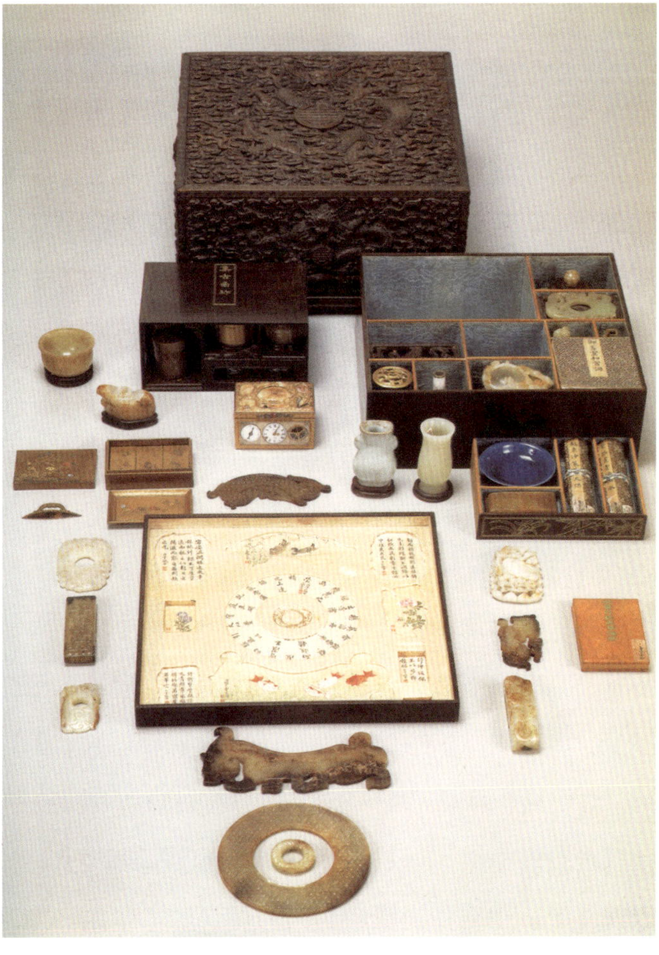

图 2 乾隆皇帝的百宝匣
台北故宫博物院藏

图 3 清乾隆 田黄三联玺 故宫博物院藏

这种百宝匣都是用紫檀木制成的，外形好像一般的书箱，打开以后有一道楼梯，每层梯上分成几十个小格子，每个格子里都是一种玩物。一个百宝匣中，凡字画、金石、玉器、铜器、瓷器、牙雕等等，无一不备。称其为“百宝”，实际上一个小型的匣子即有几百种宝贝，大型的更不只千种。而我们要讲的这件国宝——乾隆帝的三联田黄玉玺，也许就出自这里的某一个紫檀匣子。这件东西溥仪从看见它的第一眼起，就跟它结下了扯不断的缘分（图 3）。

溥仪看了这么多东西，他就想：我究竟有多少财宝？那些整库整院的珍宝都该怎么办呢？被人偷去的到底有多少？我怎么才能制止这种偷盗行为?

清宫的财宝早已在世界上闻名。只说古玩字画，那数量和价值就是极其可观的。明清两代几百年间帝王积攒的宝物，大部分还存放在宫里。这些东西大多没有数目，就算有数目的也没有人去检查，所以丢没丢，丢了多少，没人知道。

对于这些疑虑，溥仪不是没有想过进行一次整顿来加强管理。在此前，他就进行过一次“保护宫廷，清理财产”的改革，但只过了三个月就以失败告终了。用他和一些遗老们的话说，“冰冻三尺，非一日之寒”，他们认为内务府积弊已深，从乾隆时代起，随着宫廷生活的日趋奢靡，即已造成这种局势。嘉庆和道光时期未尝不想整顿，但都办不到，现在更谈何容易？内务府不整顿还好，若整顿起来会越整越坏。与其弄得小朝廷内部不安，不如暂且按下，等到时来运转再说。

但这个转运的时机他们没有等来，因为“北京政变”爆发了。民国十三年，也就是 1924 年的 11 月 5 日，冯玉祥的国民军把 19 岁的溥仪赶出了紫禁城。

那天上午大约 9 点多钟，溥仪正和婉容在储秀宫吃着水果聊天，内务府大臣们突然跌跌撞撞地跑了进来。为首的绍英手里拿着一件公文，气喘吁吁地说：“皇上！皇上……冯玉祥派了军队来了！”

溥仪一下子就跳了起来，刚咬了一口的苹果滚到了一边儿。因为公文告诉他：你大清宣统帝的尊号被废除了，你的私产归你所有，共产归民国政府。（“永远废除大清宣统帝尊号的同时清室私产归清室完全享有，民国政府当为特别保护，其一切公产应归民国政府所有。”）要求溥仪三小时之内全部搬出去!

好在当时宫里的敬懿和荣惠两个太妃,这两位老太太说什么也不肯走。绍英拿这个为理由去协商，结果只是允许延迟到下午 3 点，为他们多争取了三个小时。

就在这六个小时内，敬懿太妃趁乱把举世闻名的王献之的《中秋帖》和王珣的《伯远帖》悄悄地带出了宫门。而这件“乾隆帝田黄三联玺”也被溥仪命人缝在了棉衣里，贴身带了出来。他们从此开始移居天津生活。

其实，对于这一天的到来，溥仪早有思想准备。所以从 1922 年开始，溥仪就撺掇溥杰陆陆续续打包了七八十口大箱子，将紫禁城的珍宝运往天津（图 4）。这些珍宝，真可以说价值连城，有举世闻名的《步辇图》《历代帝王像》《阆苑女仙图》等等（图 5）。

图 4 溥仪与溥杰在御花园

从 1925 年到 1932 年，溥仪在天津又生活了七年。期间日本关东军发动了蓄谋已久的“九 · 一八”事变，并很快占领了全东北。转眼到了 1932 年 3 月，溥仪在侵华日军的操纵下，带着他的家眷和大量的珍宝、字画又从天津迁往长春，就任伪满洲国皇帝。1945 年 8 月，中国人民抗日战争胜利，伪满洲国崩溃，溥仪再一次仓皇出逃。就在溥仪准备从沈阳机场乘飞机逃往日本时，被苏联红军截获。在苏联被关押看管期间，为了争取摆脱受惩办的厄运，溥仪曾以支援战后苏联的经济建设为辞，向苏联献出了他所带的珠宝首饰以讨好对方。

但他并没有献出全部，而是把其中最好的一部分留了下来，藏进了一个黑色皮箱的箱底夹层里。因为夹层小，不能全装进去，他就又往一切他认为可以塞的地方塞，甚至连肥皂里都塞满了，但还是装不下，最后只好把未装下的扔掉。他不但扔了一些首饰，还放在炉子里烧了一批珍珠。在临离开苏

图 5 五代 阮郜《阆苑女仙图》（局部） 故宫博物院藏

联之前，他甚至还叫他的佣人大李把最后的一些扔进了房顶的烟囱里。

在这几次辗转中，每一次都会使他随身携带的宝贝少一些——有的变卖了，有的丢失了，有的损毁了，有的因为携带不方便，被他淘汰了。就这样经过甄选，最后只选了少量的珍宝字画保留了下来。

那这个“少量”是多少呢？在后来他的自传《我的前半生》统计的数据中，至少还在 500 件左右。令人意想不到的是，溥仪所变卖的宝物无一不是价值连城的稀世珍宝，其中包括司马光的《资治通鉴》手稿、宋代画家张择端的《清明上河图》、王羲之的《曹娥碑》和《二谢帖》、唐代画家阎立本的《步辇图》及现今还漂流在外的《历代帝王图》和《女史箴图》等等。由于这批东西都是在东北散落的，所以业内又有一句行话，叫作“东北货”。而那枚“乾隆帝田黄三联玺”却一直被溥仪贴身保存，逃过了一次又一次的搜检，一直与他贴身不离。为什么溥仪如此珍视这件田黄三联玺呢？我们先来说说这件田黄三联玺的最初来历。

据史料记载，这三枚印章的原料本是康熙皇帝在位时的地方进贡之物，其后一直在库房里封存。直到某日机缘巧合，乾隆皇帝想要做一枚印玺，便让工匠去库房挑选石材，于是这块石头就被呈到了乾清宫。哪知，乾隆皇帝对其一见倾心，命宫廷匠师们精心雕琢。最终，匠师们不负圣意，在乾隆皇帝面前呈上了一份巧夺天工的珍宝。

田黄石三联玺是由两枚方形、一枚椭圆形的印章用雕锁链联接而成（图6）。其中，“乾隆宸翰”为正方形，高只有 1 厘米，边长有 2.6 厘米；位于中间的“乐天”为椭圆形，高 1 厘米，长有 3 厘米，短径 2.3 厘米；还有一枚叫“惟精惟一”，正方形，高也是 1 厘米，边长有 2.6 厘米。

为了把这硬邦邦的石头化作灵活自如的细小链条，雕刻者在雕刻的过程中，采取了“链雕”技法。石质链雕是指用一整块石材镂空雕刻出一条

图 6 田黄三联玺玺文

活动的石链。这种活链雕刻本来就很难，用田黄比玉雕更难，因为田黄本身没有强度，很容易受损。玉石的摩氏硬度是6—6.5，田黄的硬度只有2—3，非常软，稍有不慎就折了，势必造成链断石破，工艺难度之大可想而知。

这件田黄三联玺是乾隆皇帝最喜爱的一件印章。乾隆皇帝想借此表明自己精益求精、专一其心、不偏不倚的施政思想和乐天知命的处世态度。田黄石本身就很稀有，实际属于寿山石类，因其材质温润凝腻，在软质刻石中居第一，明、清两朝都被作为贡品献入皇室，被雕刻成御用玺印及艺术摆件。凡经雕刻的艺术品都可以当作文物来看。而且田黄石的“黄”又和皇帝的“皇”谐音，所以它就更加得到了皇家的喜爱。

田黄是田料。什么是田料呢？就是田地里出现的石料，有点类似玉石的籽料。玉器籽料要比山料贵很多，它要经过千百年的时间在田地里经过水流冲刷磨成石头子。田黄石只有福建寿山一块不到1公里的水田底下的砂层里才有，非常稀少。过去素有“一两田黄一两金”的说法，可见其价值。

还有很重要的一点，田黄章料一般情况下不去材料，因为它太珍贵了，就磨出一个断面，然后刻章。但此件三联玺是把料切了的，俗称“六面见锯”，皮子什么都没有了，并且雕刻过程中也浪费了很多。寿山石雕中有一种很流行的雕刻方法叫“薄意雕”，最早就缘于田黄。“薄意雕”是从浮雕技法中逐渐演化而来的，它比浅浮雕还要浅，只有薄薄一层，因雕刻层非常薄而富有画意，被称“薄意”。薄意之所以“薄”，是因为用来雕刻的石材都十分珍贵，人们不忍大肆雕琢，于是只在其表面雕琢。最初这种技法只用于田黄，后来形成了一种风格（图7）。

那雕刻这件三联玺的石料有多大呢？现在谁也说不清，只能推测。要是在一般情况下，谁也舍不得这么雕，就是因为当年乾隆皇帝的需求，才这么干了，非常奢侈。

但作为溥仪来说，他之所以珍视，坊间还有一种说法，就是他一直将

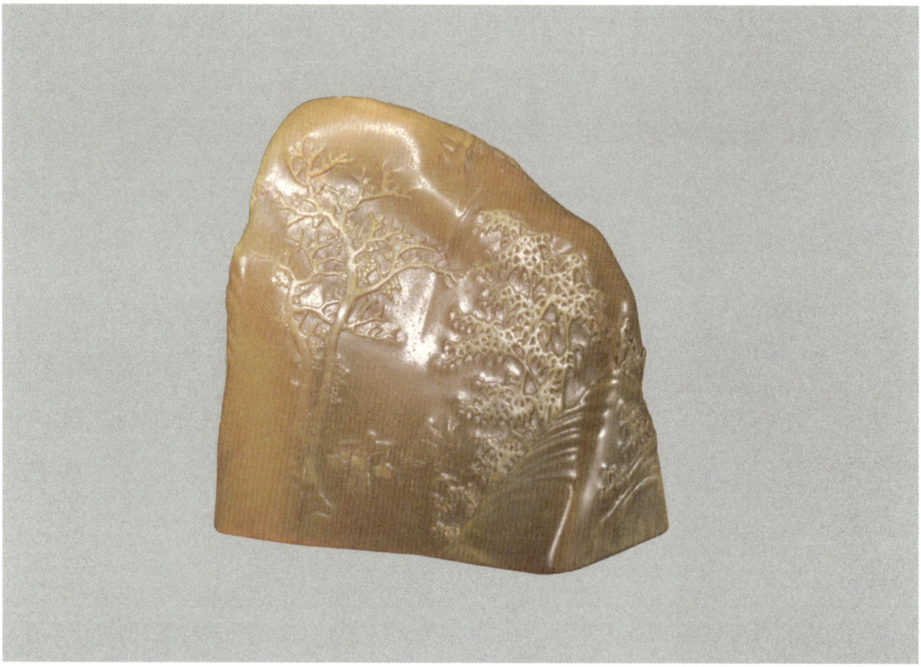

图 7 清中期 田黄石薄意雕“秋江待渡”章 故宫博物院藏

此件田黄三联玺作为他是大清的真命天子的见证，也算是内心对老祖宗的告慰。这个说法实际上不太成立，为什么不成立呢？因为当时宫廷里皇上的印章多了去了，尤其乾隆的印玺特别多（图 8），他完全可以拿“天子之玺”，但之所以拿田黄三联玺，还是因为原材料珍贵，工艺讲究又小巧玲珑，比较容易藏的缘故。

到了 1950 年的下半年，抗美援朝开始了。也就是在同一时期，溥仪从苏联被引渡回国。8 月 1 日，溥仪与伪满洲国的其他 263 名“战犯”在绥芬河由苏联政府移交给中国政府，送抚顺战犯管理所，之后这批“战犯”受到了约十年的思想改造。

溥仪虽然被废除帝位多年，但他在被引渡回国之前，生活起居上还是一直被照顾的。以至于在“改造”前期，他连自个儿的衣服也洗不好。为

图 8 清乾隆白玉交龙纽“古稀天子之宝” 故宫博物院藏

了争取一个好的表现，他在积极想着对策。一次，他无意间听其他人谈论着各界人民都在捐献飞机大炮支援志愿军，当时他自己随身带的财物政府并没有充公，是代为保存的。他即刻想起了被他视为珍宝的田黄三联玉玺，想把它捐出去，以证明自己的觉悟。随后，他写了一封信，连同那套石印，交给看守员请他转送给所长。就这样，乾隆帝的田黄三联玺自 1924 年被溥仪带出紫禁城后，辗转多年，结束了它颠沛流离的命运，又重回紫禁城。

没多久，“三反”“五反”运动开始了。溥仪担心曾经的知情人检举他藏在箱底的珍宝，思来想去，还是把它们交给了国家。他在自传中描写过当时真实的想法。他想，藏在皮箱底层的东西都是经过精选的白金、黄金、钻石、珍珠之类的首饰，共计 468 件。即便一个月卖一件东西维持生计，他也能活 39 年。溥仪把它们看作他后半生的生活依靠，如果没了这些宝贝，

图 9 乾隆组玺 故宫博物院藏

他想："即使放了我，我也无法活下去。"自食其力对他来说太难了。但是他被关在里面，心里很矛盾，又想："假如我主动坦白，是不是可以挽救我呢？那我还是争取宽大政策吧！"最后，他还是把东西捐了出来。

中国人的印章在战国时期就有了应用，战汉时期比较流行，真正到最普及的时期就是乾隆时期了。当时是因为乾嘉学派的兴起导致民间都以印章为荣。清代中期以后，印章就非常普及了，人们认为印章非常重要，有相当长的一段时间人们是以印为信的。

乾隆皇帝也非常喜欢印章，据史料记载，乾隆皇帝的印章共有 1000 多方，几乎相当于康熙、嘉庆、道光、咸丰、同治五朝皇帝的总和！不仅所占比重最大，而且种类繁多（图 9）。但这么多的印章中，用田黄制成的三联印章唯此一枚。

这件用料奢华、构思奇巧的田黄三联玺被溥仪带出宫二十多年，蒙上了神秘的色彩。从使用角度上讲，这方章并不好用，实际上是清朝造办处炫技的工巧之作，以供乾隆皇帝赏玩。这件三联玺在它制成到出宫的过程中，如果有一次稍有不慎，就会断裂。但是历经了千难万险，流传了那么多年，它居然没有损坏，这也许是天意。

095

商·青铜人面盉

美国弗利尔-塞克勒美术馆藏

弗利尔－赛克勒美术馆位于美国华盛顿，以收藏亚洲艺术品闻名。博物馆以人名命名，在国内比较少见，而且是近几年才开始出现的。但这在国外非常常见，比如日本的美秀美术馆，创办人为小山美秀子；法国吉美博物馆，创办人为爱米尔·吉美；赛克勒美术馆的创办人为阿瑟·姆·赛克勒等。还有就是我们要讲的弗利尔－赛克勒美术馆，它是由弗利尔美术馆和赛克勒美术馆两部分构成，其中弗利尔美术馆，最早就是弗利尔一个人捐出来的，所以以他的名字来命名。

弗利尔在1854年出生于美国纽约州哈德逊河谷边的一个小镇，叫金斯顿（图1）。他出身贫寒，没能读完中学。最初，弗利尔在一家公司做办公室职员，不久，当地一家铁路公司的经理弗兰克·荷克尔（Frank J.Hecker）

图1 弗利尔

图 2 福开森

看中了他的才华，雇他担任公司的会计。

1870 年，一群来自底特律的投资者决定修建印第安纳州的铁路，他们聘请荷克尔来管理项目，荷克尔带着年轻的弗利尔一同前往。荷克尔的生意迅速扩张，弗利尔一直是其得力帮手，两个人最后成了平等的生意伙伴，他们经营的企业利润极其丰厚。

1865 年，美国内战结束，西部先后掀起了三次铁路建设高潮。大建设时代必定催生出一批新兴的富豪，弗利尔是懂得抓住机会的人，底特律的投资者对荷克尔和弗利尔的工作十分满意，便邀请他们前往底特律。1885 年，两人成立了自己的公司——半岛汽车公司，生产铁路机车。很快，这家公司成为底特律的第二大制造公司，1892 年与另一家公司合并，成立密歇根半岛汽车公司。这次的合并，使它成为整个密歇根州最大的公司。

然而，生意上的巨大压力让弗利尔在 1880 年查出患有神经衰弱症，医生告诫他一定要减少工作量，让心情愉快起来，艺术品收藏便成为弗利尔的治疗良方。弗利尔在此之前已迅速积累了巨大的财富，使他有条件大规模地收藏艺术品。

初涉艺术领域，弗利尔收藏的是欧洲大师的版画，趣味比较谨慎和保守，这也是当时发家的年轻人常见的消遣方式。1886 年，弗利尔开始收藏美国绘画大师的作品，还有印象派绘画，其中惠斯勒的绘画成为他的首选。1890 年，两人首次见面，之后弗利尔成为惠斯勒作品最重要的收藏家之一，同时，惠斯勒也成为弗利尔的艺术顾问。受其影响，弗利尔的兴趣转移到了亚洲艺术品上。

1893 年，弗利尔将近 40 岁时开始收藏中国艺术品，从中国以及国际的收藏家和古董商手中购买了大量珍贵的艺术品，其中不少来自日本古董商山中定次郎和中国古董商卢芹斋。弗利尔潜心研究来自不同文化和时期的艺术巨匠以及各种风格流派的艺术作品，很快成为美国公认的亚洲艺术和美国绘画作品的收藏家及权威。

随着收藏品的增加，弗利尔开始对中国产生兴趣。1906 年至 1911 年，他四次来到中国。在中国，他找到了福开森作为顾问，用现在的话讲，就是找到了恐怕是当时最好的“货源”。福开森是名副其实的“中国通”，他以传教士的身份来到中国，学得一口流利的汉语（图 2）。后来受到洋务大臣盛宣怀的赏识，渐渐地结识了很多晚清重臣，也参与到政事之中。

福开森对于文物的鉴赏情有独钟，同样醉心于收藏的晚清总督端方成了他重要的引路人。当年故宫博物院成立之初，即聘请福开森为鉴定委员会的一员，他也是鉴定委员会里唯一的外国人，其水平之高可见一斑。弗利尔通过福开森买到了非常多的重要艺术品，其中弗利尔美术馆最重要的画作——宋代摹本顾恺之的《洛神赋图》，就是通过福开森买到的（图 3）。在那个年代来到中国寻宝的外国人，多少都会留下一点“黑历史”，弗利尔也不例外。他在最后一次来中国的时候，雇了一批人来到洛阳龙门石窟，盗走了 11 箱 200 余件文物。

1915 到 1916 年，弗利尔从卢芹斋手里购买了约 11 万美元的中国艺术品。在 20 世纪 20 年代初，收藏中国艺术品的国际中心已从欧洲转移到了

图3 东晋 顾恺之《洛神赋图》（宋摹本）（局部） 美国弗利尔－赛克勒美术馆藏

美洲。美国在这个时期成为国际（包括东亚）艺术品交易的中心。

当时的中国一方面由于种种原因造成了清朝传世官窑品等大量流出，另一方面是出现了大量的出土文物——1905年修建京汉线支线的时候发现了唐三彩，1918至1919年发现了宋代都市钜鹿，1920年又发现了许多古窑，此外还有殷墟、敦煌等处的罕见文物出现。辛亥革命前后，在中国大陆，考古学的发现和发掘此起彼伏，大量的墓葬文物出土并流到海外。

20世纪初，欧美的主要收藏家追捧高价值的明清瓷器以及其他装饰艺术项目。比如，小洛克菲勒在数年间为他的明清瓷器收藏支付了高额的费用，在1915年花费近50万美元购买了一批明清瓷器。而弗利尔早年从卢芹斋手中购入23件玉器，花费才不到5000美金。这些玉器主要出自新石器时代至汉代，平均每件玉器的购买成本不过几百元，却开拓了一个新的收藏领域。现在，在弗利尔美术馆可以看到这些精美罕见的中国早期玉器，它们所包含的文化价值绝非金钱所能衡量（图4）。

经过几十年的收藏，弗利尔的藏品已经形成规模，他决定将自己的收藏品捐献给公众，并建立一家博物馆来陈列存放他的藏品。在罗斯福总统

图4 战国 玉舞人 美国弗利尔－赛克勒美术馆藏

和第一夫人的推动下，弗利尔美术馆在他去世后四年——1923年开放。这座典雅高贵的文艺复兴式的建筑，为华盛顿史密森博物院旗下的第一家艺术博物馆，也是西方第一座专业的亚洲艺术博物馆。

弗利尔美术馆现有馆藏文物3万多件，其中中国文物几乎占了馆藏的一半，弗利尔的遗赠是美术馆收藏的基石。这里有海外最精彩的中国古玉、青铜重器、书画，以及丰富的日本、韩国、印度、美国等地的艺术品。弗利尔在遗嘱中写明，弗利尔美术馆内的藏品不能借展，其他艺术品也不能借进来。在众多收藏门类里，弗利尔美术馆以丰富的青铜器收藏而闻名，所藏青铜器占全美的五分之一。

美术馆收藏有一件久负盛名的青铜器——人面盉（图5）。这件商代晚期的青铜人面盉，高18.2厘米，整体为圆形，器腹外鼓，下垂，有流，敛口。盖作人面形，两耳有孔，头上有两个角，人面仰天朝上。器盖与器

图 5 商代 青铜人面盉 美国弗利尔－赛克勒美术馆藏

身连起来看，如同一个仰卧的人头，形制极为独特，风格奇谲怪异，尤其是夸张的人面，格外引人注目，体现出浓郁的神秘气息，为海内外所仅见。

据说，这件青铜人面盉最初是从河南彰德府买来的，系殷墟出土遗物。彰德府的治所即在今天的安阳。

民国时期，国内动荡，在河南安阳频繁发生盗掘商代晚期都城殷墟遗址古物的事，市面上常常可以看到有人兜售殷墟的遗物。当时北京“尊古斋”古董店的黄濬根据他经手售出及所藏所见的器物进行了搜集整理，编辑成书，书名叫《邺中片羽》，共三集六册，所收青铜礼器共 130 多件，还有兵器和陶器、玉器、甲骨等遗物，于 1935 年和 1937 年相继出版了影印本的初集和二集。

在 1944 年出版的影印本《邺中片羽・三集》中，最早收录了这件青铜人面盉。我国著名考古学家、古文字学家陈梦家先生于 1944 － 1947 年间，在美国各博物馆、大学和古董商肆里搜集到的中国商周青铜器就有 845 件之多，人面盉亦在其中。

这件青铜人面盉，当时出土时全身布满铜锈和胶泥，纹饰模糊不清。经仔细清理、修整，人面盉精美的花纹全部露了出来。由于深埋地下，日久天长，有些地方已经残破，只能重新做地子，再上锈。经过几番整理，原来的生坑人面盉变成了传世熟坑精品。据陈梦家先生的记录，人面盉修复后，由北京“同益恒”古玩店的萧延卿、陈鉴塘卖给了上海古玩商叶叔重，后为大古董商卢芹斋收走，最后辗转到美国华盛顿弗利尔美术馆。

这一晃，半个多世纪过去了，殷墟也进行了十数次的发掘，却始终未曾再发现与人面盉相类似的器物。这件器型特殊、纹饰精美且设计风格又极为怪异的人面盉，无疑成为中国青铜器文物家族里绝无仅有的国宝。

盉，是一种水器或调酒器，出现较早，在二里头文化遗址中就出土有陶盉，商周最多，精品也最多，秦汉以后虽还有，但质量下降。盉一般作

图6 西周 长思盉 中国国家博物馆藏

硕腹，就是腹部比较鼓；腹部一侧斜生出一个管状的流，另一侧有鋬；三足或四足；有盖，盖多以链索与鋬相连（图6）。

盉有自名，所谓有自名是指“器自载其名”，意思是名称根据铭文所载而定。但有关其用途却历来说法不一。《说文·皿部》称：“盉，调味也。”王国维曾作《说盉》一文，他考证其用途，说：“盉之为用，在受尊中之酒与玄酒而和之而注之于爵。或以为盉有三足或四足，兼温酒之用。”

有自名的盉出现于西周，西周中期的盉，别名又称为“鎣”[yíng]，比如去年中国国家博物馆入藏的“虎鎣”（图7）。也有铭文以盘、盉并称成为组合，则盉又担任了匜的角色。由此，前上海博物馆馆长马承源推断，盉本身就是盛玄酒，即清水的，是用来调和酒味浓淡的器物，并非是把酒与水在盉中调好后再注入爵中。从盘盉的组合考虑，盉主要是用来盛水，它与酒器组合，用水以调和酒；它与盘组合，则起到盥沐的作用。

图 7 西周 青铜虎蓥 中国国家博物馆藏

这件人面盉很怪，一般的盉都有三足或四足，而这件下面是圈足，明显具有卣的形制。所以，以往一度叫它“人面卣”。后来，学者在综合研究的基础上又重新定名“人面盉”，因为盉的最根本、最显著的特征是具有一个或长或短的管状流，其他的差异则是次要的。因此，把具有流这一本质性特征的器物称为“盉”。

更为珍奇的就是它的造型。盉的盖子是一个人脸，装饰有人脸这种纹饰的青铜器我们现在已经发现了一些，如珍藏于湖南省博物馆的商代晚期人面青铜鼎，它是 1959 年在湖南省宁乡县（今宁乡市）黄材镇寨子山出土的（图 8）。这件青铜鼎的腹部四面分别浮雕人面作主体装饰，面部较为写实，特征突出，十分醒目。但是弗利尔美术馆的这件人面盉的“人面”与湖南省博物馆的人面青铜鼎的“人面”还不完全一样，弗利尔美术馆的人面，头部有两个角，这两个角一方面是有一定用途的，可以方便盖子的开启；另一方面，从整体上可看作是纹饰的一部分。

图 8 商代 大禾人面纹方鼎
湖南省博物馆藏

这件人面盉盖的后脑勺有一条蟠卷而下的龙体或者说蛇体，与盖子的人面刚好连为一体，这与大名鼎鼎的妇好觥的觥盖作圆雕虎头形，器身作平面虎躯有异曲同工之妙。在盉的颈部两侧，可以看到两个龙爪，所以人面盉的整体造型应该是人面龙身或者人面蛇身。这种人面蛇身的具体形象是谁呢？在《山海经》里面多有记载，如“雷泽中有雷神，龙身而人头，鼓其腹”“女娲，古神女而帝者，人面蛇身，一日中七十变”……雷神、女娲，还有山神、伏羲、共工、贰负、相柳等，都是人面蛇身，但人面盉具体指的是哪位神，我们就不得而知了。

在早期的青铜器中，很少出现人的形象。一般来说，饕餮、牛、虎等这类动物的纹饰或形状在商周青铜器中时有出现，而目前发现人的形状或者带有人的纹饰的青铜器都很罕见。我们通常对人脸的解释无非四种：喜、怒、哀、乐，对于这四类之外的文化就解释不清楚了。现在虽然没有发现人状的青铜器，但凡是带有人的形象的青铜器，都价值连城。

弗利尔这样一位企业家赶上了时代潮流，发了大财。他能把全部精力和金钱投入到博物馆的建设之中，这在美国早期那样一个文化蛮荒的时代是非常难得的一件事。一个人，如果没有文化上的高瞻远瞩，是不可能做到这样一件伟大的事情的。

096

北魏·木板漆画

山西博物院藏

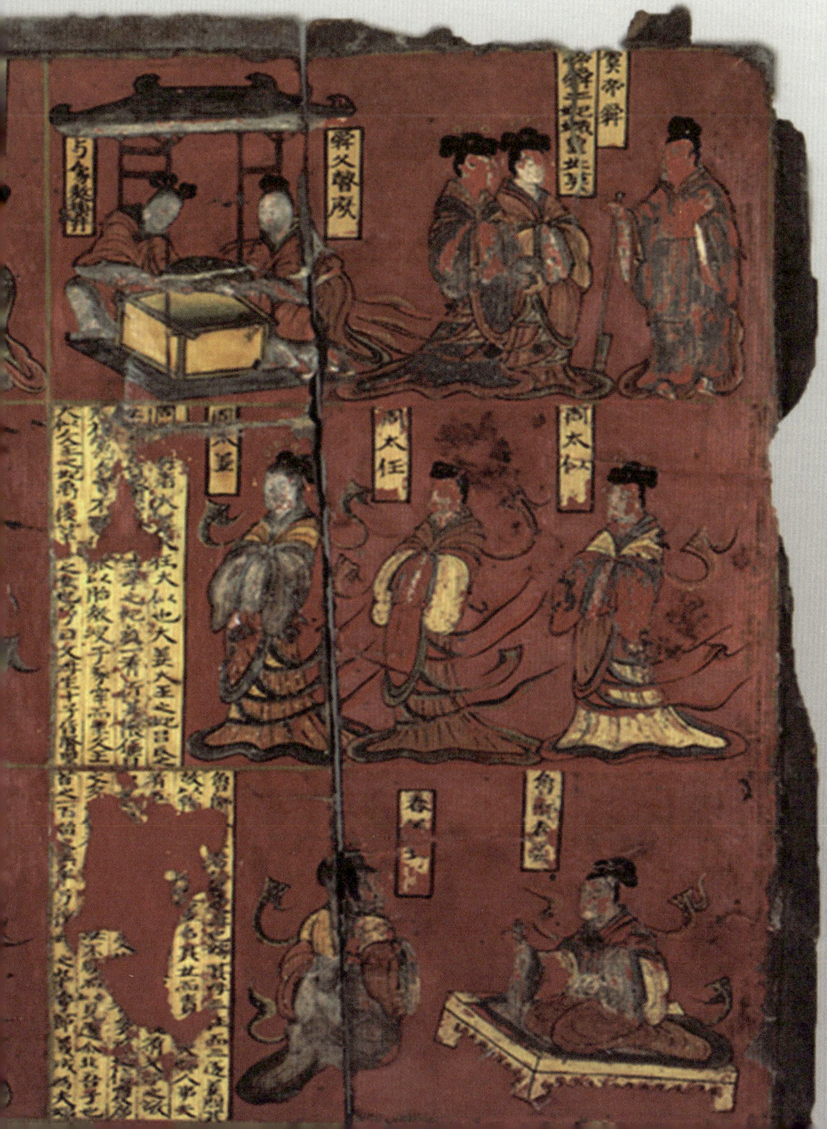

如果你去大同博物馆，二楼的一个重要展厅是“魏都平城”，一进去有件国宝级的文物你一定不能错过，这就是司马金龙墓出土的木板漆画。红红的，特别显眼。你走进去看就能发现，展签上写着三个字——“复制品”（图 1）。

为什么真品不让你看呢？因为这件东西太娇贵了，年代也长，有 1500 年的历史。这组木板漆画属于漆器，漆器要依附于一个介质存在，一般我

图 1 司马金龙墓漆屏风（复制品） 大同市博物馆藏

们见到最多的是依附于木头。木头本身遇湿、遇干会有抽胀，这就会使漆爆裂，慢慢地漆就会脱落，脱落了，这东西就没了。所以，你现在看到的是一件几乎可以乱真的复制品。而真品里最精美的那部分，就在大同市所在省的山西博物院收藏着。

正是因为这件文物木胎漆器的特点，所以不能长期展出。它跟书画一样，只要暴露在光线下，就会老化，老化了就会变脆，就算你不碰它，它也会变碎。所以你看，一般的常设展里，像这种1500年前的漆器，和宋元前的书画一样，都是看复制品，真品只是偶尔拿出来让你看看。而明清以后的漆器，展出的问题就不大了，所以就可以常年在博物馆展出，因为它的年代非常近。

那么，司马金龙墓的木板漆画是怎么被发现的呢？故事就要回到1965年了。五十多年前，深秋的一个下午，山西省大同市东南方有一个叫石家寨的地方，这里的村民要打井。过去农村深挖土地的时候一定是在打井。房基地一般挖个一米左右就够了，过去中国农村盖房，没有人挖地下室。

这井打下去，就挖出了一座古墓。村民们世代居住在这儿，从来不知道这里还有一座墓！这是谁的墓呢？什么时候的墓呢？究竟是怎么一回事儿呢？一连串的问题都出来了。大家都不知道怎么回事儿，赶紧停了手上的活儿，上报有关单位。大同市博物馆接到报告就赶到现场，当年冬天就开始清理这座意外发现的古墓，一直到1966年才最终发掘完毕。经过发掘，发现这座墓早年被盗掘过，即便是这样，墓里仍然发掘出大大小小多达454件文物，数量还是很多的（图2）。

随着文物清理工作的展开，墓主人的身份逐渐就明了了，他是北魏时期的琅琊王——司马金龙。这是怎么弄清楚的呢？是因为墓志出现了，上面写着呢。考古人员在墓里一共发现了三方墓志，两方是墓主司马金龙的，一方是与他合葬的夫人钦文姬辰的（图3）。

图 2 司马金龙墓俑群 大同市博物馆藏

图 3 司马金龙墓表及墓表、墓志铭拓片 山西博物院藏

通过解读墓志，我们知道了这位琅琊康王司马金龙的很多信息。细算起来，这夫妻俩可都是当时的名门望族。“司马”在复姓里比较有名。为什么呢？因为历史上姓司马而且有名的人很多呀。第一个要数司马迁了，写过《史记》；再有就是司马相如、司马光，这些都是很有名的人。历史上的两晋政权，也就是西、东晋，就是司马氏建立的。司马金龙正是西晋宣帝司马懿的弟弟——司马馗的九世孙。他的父亲司马楚之，原本是东晋的高官显贵，为了避免东晋的祸乱，在太常四年（公元 419 年）降于北魏，之后为北魏效力，非常忠勇，常年征战在外，镇压反抗，受封琅琊王。《魏书》里有一段关于司马楚之的记载，说“楚之后尚诸王女河内公主，生子金龙，字荣则”，这就是司马金龙了。这样，史书上的记载就和墓志对上了。

这位琅琊王司马金龙于北魏孝文帝太和八年去世，这一年是公元 484 年。与他同葬的夫人钦文姬辰早他十年去世，死于北魏延兴四年，也就是公元 474 年（图 4）。这两个人生活的年代距今已经有 1500 多年了，那是

图 4 钦文姬辰墓志铭及拓片 大同市博物馆藏

怎样的一个时代呢？琅琊王夫妇的生活是什么样子的呢？这座古墓里又藏着什么样的国宝？许多问题都能从墓里发现的一件文物上找到答案，这件文物就是我们今天要讲的国宝——北魏时期司马金龙墓木板漆画（图 5）。

这件木板漆画重要到什么程度呢？ 2002 年，它就被列为首批 64 件禁止出国展览的文物目录。这 64 件文物中还有我们前面讲过的陶鹰鼎、曾侯乙编钟、铜奔马、金缕玉衣、长信宫灯、“五星出东方”织锦护臂等等，可以说件件都称得上是“国之重宝”。

再来细看这件木板漆画。

木板漆画被发现于通往司马金龙墓后室的甬道上，它长 82 厘米，宽 40 厘米，厚只有 2.5 厘米。看着尺寸不大，但这只是保留下来的一部分，换句话说，这些木板漆画都只是部件。它本来应该是用多块木板漆画组合成的一组红漆彩绘屏风，每块木板漆画当时是用榫卯连接的，围合成一个屏风的结构。从现存的这块大小来看，这屏风原先的体量应该还不算太小。

屏风最早在先秦就有了，那时称为“扆”或“依”。《说文解字》里解释，“依，倚也”，就是“靠着”的意思，这正是屏风最早的用法。《荀子》里说，天子“居则设张容，负依而坐”。到了汉代，《史记》又有记载，说“孟尝君侍客坐语，而屏风后常有侍史，主记君所与客语”，就是说屏风后面有一个秘书，负责速记。这就说明，“屏风”的叫法至少在汉代就出现了。而且你看，这里的屏风所起的作用是遮挡，和我们现在说的“屏障”是一个意思。

屏风发展的高峰期在战国到汉代，它最主要的功能是表示主位。当时的人都是席地而坐，现在我们的家里都是满满当当的，当时人的家里都特别空，所以得搁一座屏风，表明主人的位置。

但到了魏晋的时候，屏风的形式就变得多种多样了。从礼制中强调尊位的“背依之屏”，发展到像司马金龙墓出土的小曲屏风的式样，这式样就变多了，有时候还会和床、榻结合，成为中国人最早的家具之一。原创

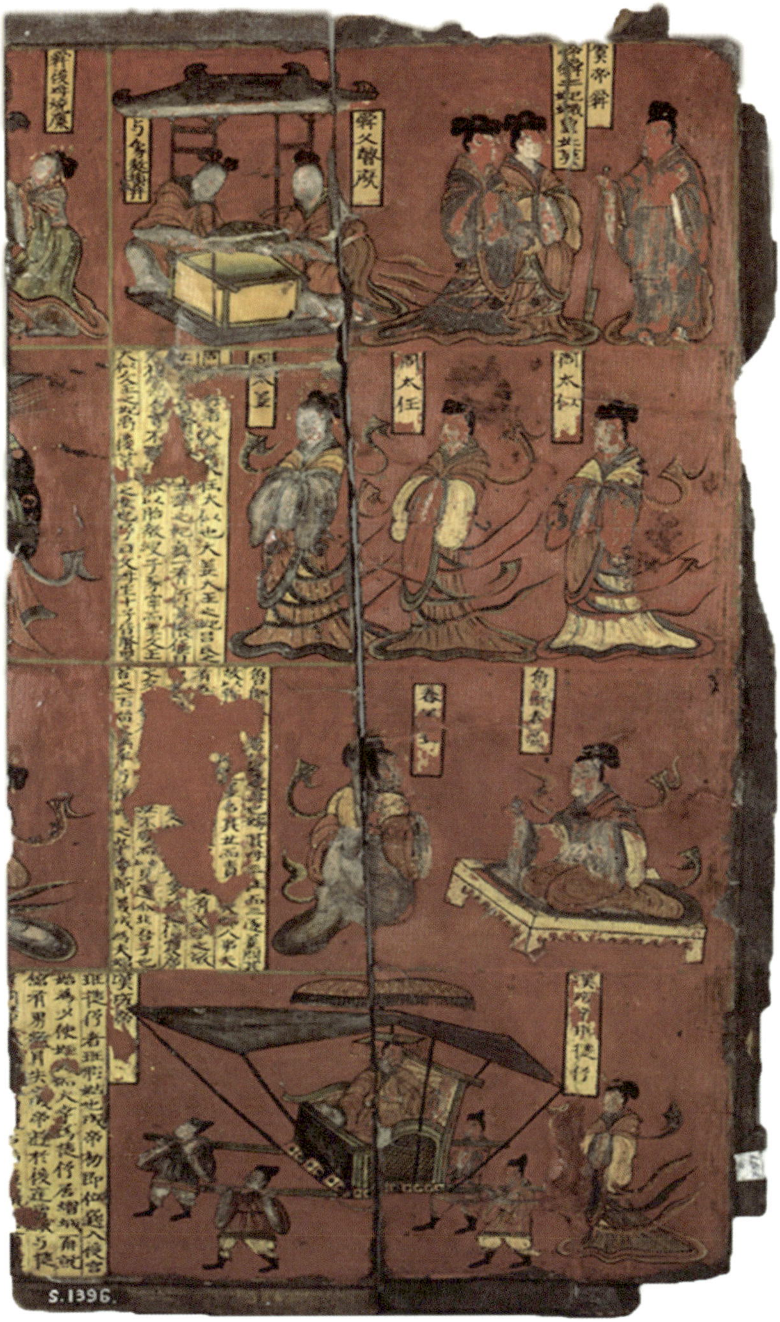

图 5 北魏 木板漆画 山西博物院藏

图 6 东晋 顾恺之《女史箴图》（唐摹本）（局部） 英国大英博物馆藏

于这一时期的《女史箴图》里，就有人们在床榻上安置屏风的描绘，而且你细细辨认的话，就能发现画中的小曲屏上也有绘画，这正和司马金龙墓出土的木板漆画用法一致。可见当时这种带屏风的榻是非常流行的（图 6）。

所谓的木板漆画，是指这件屏风的主要制作工艺，它实际上是一件漆器工艺品。漆器，我们在前面说过，取天然漆树产的漆液，反复刷在胎体表面形成漆膜，就可以长久存放，防腐耐用。胎的用料广泛，其中木胎最为常见，也有皮胎、竹胎、金属胎。那么，木板漆画，顾名思义，所使用的是木胎，所以司马金龙墓发现的屏风只有局部和一些彩绘漆的碎片就解释得通了。即便漆很耐腐，可这墓里的环境实在潮湿阴暗，又经历了 1500 多年，能保存下来一部分已经相当难得了，可见当时的漆工十分了得。你看，凡事都是相对的，我们说漆器耐腐，利于保存，是说它和其他材质，像丝绸、纸张、木材这些作对比，看它在当下的使用情况而言。比漆器还稳定的材质当然也有，像金、银、玉、石这些都比漆器更耐腐。

漆器工艺有着几千年的悠久历史。随着工艺的不断进步，人们发现如果在漆里加入带有明显颜色的矿物质，就能够改变漆的颜色。这件木板漆画的红底色就是在漆里加了朱砂调出来的鲜红色。漆画上的彩绘，经专家检测，使用的都是矿物质颜料。比如勾勒轮廓的黑色使用的是炭黑，炭黑也是古代制墨的主要原料；漆画上用到的黄色，既有雌黄，也有雄黄。古代绘画里，雄黄用得少，雌黄用得多。雌黄是绘画常用的黄色颜料，因为它稳定易得，发色明亮。雌黄还有一个有意思的用法，唐代发明的一种纸就叫“硬黄纸”，写错了字，就用雌黄粉涂一下重写，这就是我们常说的“信口雌黄”的来历，这个方法在《梦溪笔谈》中有记载。

既然这是一幅彩绘漆画，那么就一定会有内容。墓葬发掘时，共出土了五块木板漆画，但残存的程度不一。考古人员发现，出土的漆画都是双面的，正反面都画有内容。所有朝上的一面保存得都比较完好，色彩艳丽，内容大多可以辨认；但朝下的那一面就没这么幸运了，因为潮湿，所以漆画表面剥落很严重，几乎都看不出原貌了，颜色也不如正面那么明艳。经过一番修复和研究，这五块中有两块可以拼合。合上以后，前面、后面的内容就完整了。再加上对其他单独几片的研究，很快发现木板漆画上的布局很有意思（图7）。

漆画的一面画烈女故事，另一面画古贤事迹。两侧的画面都是从上到下分为四层，每层高19—20厘米，人物事件就画在这个区间里。每幅画的旁边都有题记加以说明，这样就把每幅画的主题交代得清清楚楚。司马金龙墓出土的所有文物中，木板漆画携带的信息是最多的。为什么它的信息最多呢？因为我们原来讲过，所有的信息都不如文字信息准确、高效。文字是人类最伟大的一个发明，因为它表达清晰。

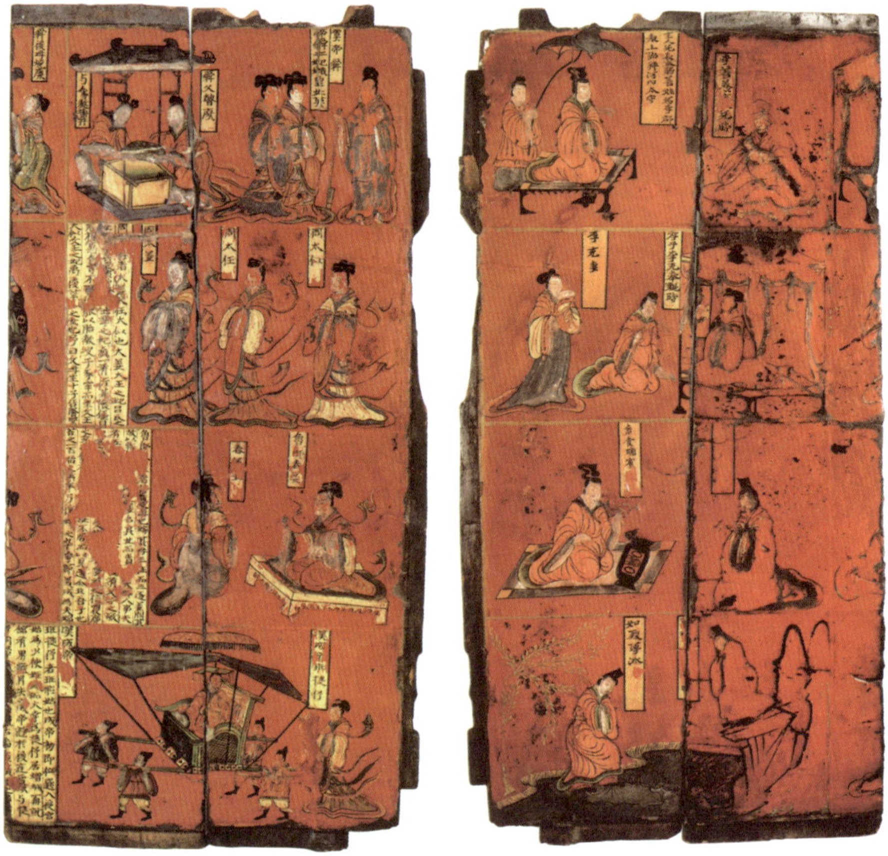

图 7 两块拼合木板漆画的双面图文

那么，我们就来看看这木板漆画上都给我们讲了哪些故事，看看你们知道几个：

先来看保存得比较好的，也就是表现烈女故事的一侧。

最上面的第一幅，能辨认的是关于舜帝的三个故事：第一个故事说的是舜的父亲瞽叟和弟弟象填井，企图杀害舜的故事；第二个是舜的后母放火烧廪仓，想要烧死里面的舜；第三个是我们最熟悉的，画的是舜和他的两个妃子娥皇、女英；

下面一幅，有三个女子拱手站着，旁边写着她们分别是“周太姜”“周太任”和“周太姒”，这个故事就叫“周室三母”，相传她们都是周朝的三位贤母；

第三幅的主人公是“春姜女”和她的母亲“鲁师春姜”，主要表现春姜教导女儿；

最后一幅大家比较熟悉，它表现的是“却辇之德”的典故。说的是汉成帝时宠幸班婕妤，皇帝邀班婕妤一起乘辇，班婕妤不仅推辞了，而且还劝谏汉成帝做一名贤德的君主，不贪恋声色。

这四个故事的内容都记载在汉代刘向所作的《列女传》里。汉代流行用经史故事作绘画题材，魏晋时期社会延续汉风，也非常提倡这些，为的就是起到劝诫、教化的作用。

漆画另一面的四个故事都是古贤事迹。第一幅不好辨认，其余三幅从上到下为“李充奉亲”“素食瞻宾”“如履薄冰”，这里面教化的意图和另一面的烈女故事一样，显而易见。

如果你把顾恺之的《女史箴图》和这组司马金龙墓木板漆画放在一起对比，你就会发现他们在表现妇女、衣饰、步辇的细节等处都非常相似。人们常用“春蚕吐丝”来形容顾恺之绘画中线条的精妙，这四个字在司马金龙墓木板漆画中也同样适用。

关于线条在中国画里的重要性，我们在前面讲李公麟创作的《五马图》时就说过。前有顾恺之，后有李公麟，中间还有一位初唐的阎立本也必须要说一下。就拿他创作的《历代帝王图》来看，他在画中创作的人物、衣饰和司马金龙墓木板漆画的笔法、构图上都有相似之处，线条同样明快到位（图8）。

那么，从顾恺之，到阎立本，再到李公麟，这样从魏晋到唐代，再进入宋，中国画的灵魂以线条的形式一脉相承地传袭下来。不知道你注意到没有，顾恺之、阎立本、李公麟，他们都是士人画家。何为“士人”呢？就是古代的读书人，作画是他们的职业。但司马金龙墓的木板漆画不可能是顾恺之亲手

图 8 唐代 阎立本《历代帝王图》（摹本）（局部） 美国波士顿美术博物馆

画的，它们出自匠工之手。在中国绘画漫长的发展历史中，魏晋时期正是绘画注重实用的匠工绘画向艺术化更高的士人绘画过渡的时期。司马金龙墓木板漆画就是这个时期重要转折的见证，因此称它为“国宝”当之无愧。

在人类文明的早期，文字还不够普及的时候，读图是一个非常重要的教化表述。风水轮流转，今天又回到了“读图时代”，现在很多人甚至不愿意买没有插画的、纯文字的书了。所以，历史上我们由“读图时代”走向了“读字时代”，但这些年由于视频和图片的发达，导致我们又回到了“读图时代”。从这个角度来讲，人类文明有很多共通的地方。1500 年前的一扇屏风，提供了如此众多的故事。这些故事看着很简单，实际上它包含的内容却特别复杂。我想，历史上这类作品在当时一定是很多的，但保存下来的就这么几件，所以弥足珍贵。

097

明·钧窑玫瑰紫釉渣斗式花盆

美国哈佛艺术博物馆·塞克勒博物馆藏

今天到北京，能参观的博物馆不少。有一个博物馆很值得去看看，它就是北京大学赛克勒考古与艺术博物馆。从北大西门进去，往北走不远的一个二层建筑就是，那里叫鸣鹤园。这座博物馆的展览策划和研究定位都做得比较专业、新颖，所以不管你是去看个热闹，还是去看个门道，这都是一个很好的去处。

世界上以赛克勒命名的博物馆一共有三家，北大的是一家，另外两家都在美国。它们都是由美国著名精神病学家、企业家和慈善家阿瑟·姆·赛克勒博士出资并主持建立的。另外两家分别是华盛顿的弗利尔－赛克勒美术馆和哈佛艺术博物馆·赛克勒博物馆。我们今天要介绍的这件国宝，就收藏在哈佛艺术博物馆·赛克勒博物馆内。

这是一件钧窑玫瑰紫釉渣斗形“六”字款花盆(图 1)。它呈一个渣斗形，高有 17.5 厘米，腹部最大直径是 18.8 厘米，“六”字刻款在底足的内圈里，明显是烧之前就刻好的。玫瑰紫的釉色在腹部最重，逐渐向口和底的方向过渡成天青色。天青色的底上，玫瑰紫色星星点点地弥散开，不论是离近了观察，还是远处欣赏，都是非常美丽的。

我说钧窑的时候，很多人脑子里肯定在琢磨一个事儿，人们常说的“五大名窑”——汝、官、哥、钧、定里的“钧窑”，和“宋代八大民窑”里说的“钧窑”，到底是不是一回事儿?

其实，它们还是有区别的。“五大名窑”里说的“钧窑”是指“官钧”，

图 1 明代 钧窑玫瑰紫釉渣斗式花盆 美国哈佛艺术博物馆·赛克勒博物馆藏

图 2 金代 钧窑月白釉鸡心罐
故宫博物院藏

图 3 明代 钧窑玫瑰紫釉出戟尊
美国哈佛艺术博物馆·赛克勒博物馆藏

而“宋代八大民窑”里说的“钧窑”是“民钧”。从时间上来讲，“民钧”烧造得早，始于金代（图 2）；“官钧”烧造的时期则比较晚，大约在明代初期，这只是目前的一个推论（图 3）。因为一直以来关于钧窑的争论就很多，这里的疑问主要是官钧窑的烧造年代不详，考古界、史学界，国内、国外争论不休，一时还没有最终的定论。

过去认为官钧的烧造始于北宋时期，与宋徽宗对“花石纲”“万岁山”的爱好有关，但这只是理论上的推测，并无文献和考古发掘资料证明，而且宋代墓葬至今没有见过钧窑出土。从 20 世纪 30 年代起，“北宋说”逐渐开始被学者怀疑否定。日本学者曾经指出“钧窑始烧于金代”，后来到了 20 世纪六七十年代，美国学者又认为是元代烧造的。再后来又有了“元末明初说”“明代早期说”，到今天为止还没有一个最终的结论。

比如，我们所讲的这件钧窑花盆，哈佛艺术博物馆·赛克勒博物馆研究认为是明代早期的，是由于紫禁城最初建设的需要所专门烧制的。他们的主要依据，是制作这种花盆所使用的内外脱模的方法是明代初期才有的。

图 4 明代 钧窑天蓝釉六方六足花盆
美国哈佛艺术博物馆·赛克勒博物馆藏

图 5 明代 钧窑玫瑰紫釉菱花式花盆及花盆托
美国哈佛艺术博物馆·赛克勒博物馆藏

再比如，还有支持“汝停钧代”观点的，认为北宋徽宗后，汝窑停烧，钧窑取而代之成为宋宫廷的选择。这在逻辑上是通的，但是要想确定，还需要未来确切的考古和历史的论证来支持。

现在我们能见到的传世官钧主要是花器，比如这种渣斗形花盆、六方形花盆、长方形花盆（图 4）；还有花盆托，比如有鼓钉式样的、菱花式样的等，各式各样，与花盆可以配套使用（图 5）。而且，在这些传世官钧的底足上多见有一个神秘的数字款，这也是钧窑特有的署款方式。

这里我们介绍的花盆是“六”字款，与它同时入藏的还有另外 59 件钧窑花器，它们每一件都带有数字款。现在能看到的资料上，有“一”“二”“三”“五”“六”“七”“九”“十”。其中，“九”字款带有后刻款的，写着“建福宫 三友轩用”（图 6）；“十”字款也有一件带有后刻款的，写有“养心殿 东暖阁楼下用”（图 7）。仔细辨认就能看得很清楚，数字款是烧造之前就刻好的，但是后面的这种文字款是清代后刻的。

经过对这一批共 60 件官钧花器的对比、排列，研究人员发现数字款瓷器与钧窑尺寸之间的规律：数字款越小，尺寸就越大；而数字款越大，尺寸就越小。也就是说，“一”字款的尺寸最大，“十”字款排在最后，尺

图 6 明代 钧窑玫瑰紫釉菱花式花盆 美国哈佛艺术博物馆·赛克勒博物馆藏

图 7 明代 钧窑天蓝釉菱花式花盆 美国哈佛艺术博物馆·赛克勒博物馆藏

寸最小。但也有学者以其他收藏为准，推断这种说法不尽准确。

哈佛艺术博物馆·赛克勒博物馆现藏还有另外 6 件这种渣斗器型的钧窑花盆，天青色和玫瑰紫色的都有，上面有“一”“三”“五”字样的款，各两件（图 8）。可见，哈佛艺术博物馆·赛克勒博物馆的渣斗形花盆从大到小都有，他们太富有了。

这种渣斗形的钧窑花盆，刻有“六”字款的，世界范围内已知一共有 5 件，其中天蓝釉的有 3 件：台北故宫博物院和大英博物馆分别藏有 1 件（图 9），还有一件一直在私人藏家手中；另外 2 件都是玫瑰紫釉的：故宫博物院藏有 1 件（图 10），另一件就是哈佛艺术博物馆·赛克勒博物馆的这件了，可见其珍贵。

上面所说的这件私人藏家手中的天蓝釉“六”字款花盆，在 2018 年 11

图 8 “一” “三” “五”字样款的钧窑花盆 美国哈佛艺术博物馆・赛克勒博物馆藏

图 9 明代 钧窑天蓝釉渣斗式花盆 台北故宫博物院藏

图 10 明代 钧窑玫瑰紫釉渣斗式花盆 故宫博物院藏

月 20 日，创下了钧窑拍卖的历史新高。这只花盆在 2018 年突然出现在中国的拍卖会上，釉色天青，渣斗造型，底刻“六”字款，乾隆时期又加刻了“建福宫 凝晖堂”的字样，最终以 4250 万的高价落锤，创造了钧窑的新纪录（图 11）。这件钧窑渣斗形花盆，也和赛克勒有关，一度曾是赛克勒的私人收藏，应该是他早年从卢芹斋的继承人弗兰克 · 卡罗手里购得的。

这件花盆曾在 1987 年 7 月的“中国艺术 3500 年：阿瑟 · 姆 · 赛克勒中国陶瓷大展”上展出，后来，又被英国的古董商埃斯肯纳齐收藏过很长

图 11 明代 钧窑天蓝釉渣斗式花盆 2018 年中国嘉德

一段时间，最终又在 2018 年回归国人视野，创下历史纪录。

我们回到今天介绍的这件钧窑玫瑰紫釉“六”字款花盆，根据哈佛艺术博物馆·赛克勒博物馆的档案记载，是由欧内斯特与海伦·戴恩夫妇在 1942 年连同其他 59 件精美的钧窑收藏，一起捐给当年的福格博物馆的。

海伦的父亲曾是洛克菲勒的合伙人，因此家财丰厚。海伦嫁给欧内斯特·戴恩后，两人又在布鲁克林开设信托公司，实力日渐雄厚，逐渐对艺术品收藏产生了兴趣，这才有了这组 60 件之多的官钧花器收藏。现在关于戴恩夫妇收藏艺术品的资料，能找到的非常少，到底是什么样的机遇让他们能够获得如此大量优质的钧窑器物呢？我推测这至少不是从一般商人那儿购得的。因为商人如果有这么大一批钧窑器物的话，他不会成批地出售，一定是拆开来，一件一件地吊着买家的胃口来卖。那历史真相到底是不是这样呢？我们就不得而知了。不过，整整 60 件官钧花器，数量如此之大，以至于直到现在，除了两岸故宫以外，哈佛艺术博物馆·赛克勒博物馆仍是海外收藏传世官钧花器最多的博物馆。

你可能觉得有点奇怪，刚才明明说这些钧窑都是收藏在哈佛艺术博物馆·赛克勒博物馆里的，为什么又出来一个福格博物馆呢？这就要介绍一下哈佛艺术博物馆的构成和发展历史了。

哈佛艺术博物馆，原名“哈佛大学艺术博物馆”，实际上是由3个博物馆和下辖的多个研究机构组成的。而我们一般说起哈佛艺术博物馆时，基本就是指这三个博物馆的合称。这三家按照建立的时间顺序，分别是福格博物馆、布施·莱辛格博物馆和赛克勒博物馆。

福格博物馆成立最早，1895年就对外开放了。最初是由福格夫人捐赠，并希望建立一所以她丈夫威廉·海斯·福格先生名字命名的艺术博物馆，所以才成立的，主要关注北美艺术。福格博物馆最初收藏有大量的石膏模型和照片，现在主要致力于中世纪至今的西方绘画、雕塑、装饰艺术、照片、版画和绘画等。

之后，于1901年成立了布施·莱辛格博物馆，致力于展示日耳曼艺术。该博物馆收藏的内容主要集中在欧洲的中部到北部这些德语国家在不同时期创造的不同形式的艺术品，专业性很强。

此后，哈佛大学在亚洲艺术品方面的关注与收藏与日俱增，一度成为美国大学中收藏亚洲艺术品规模最大的高校。直至1977年，哈佛大学收藏的古代亚洲、伊斯兰和印度晚期艺术品总量剧增，而且颇具价值，因此迫切需要新建一处更大的场馆，来重新安置、展示和研究这批珍贵的艺术收藏。

于是，赛克勒作为主要赞助人，慷慨出资建立了哈佛艺术博物馆的新馆，主要致力于收藏、展示和研究亚洲、中东和地中海艺术。哈佛艺术博物馆新馆由此开始以“赛克勒”命名，叫作“阿瑟·姆·赛克勒博物馆”。此前馆藏的大量珍贵藏品，包括大批中国艺术品被归入新馆收藏。所以，我们在一开始介绍这件国宝——钧窑玫瑰紫釉渣斗形“六”字款花盆是哈佛艺术博物馆·赛克勒博物馆的收藏。

图 12 阿瑟·姆·赛克勒

1913 年，赛克勒出生于纽约布鲁克林的一个犹太家庭（图 12）。他年轻时在纽约大学接受了系统的艺术、科学及人类学的教育，这成就了他日后成为美国著名的精神病学家、企业家、慈善家。赛克勒是医药学专业出身，曾为医药领域做出过巨大贡献。在一定程度上，可以称他是医疗广告潮流的先锋。

20 世纪中期，赛克勒开创了基于事实的医疗广告模式，随后建立了一系列赛克勒家族企业，这些企业无一例外地都致力于医药业。最著名的止痛类药物“安定”，早期正是在赛克勒的营销影响下，才被大众熟知的。另外，赛克勒还创办了世界上第一份面向医生的医学报刊，该刊的读者一度曾达百万之众，遍及全球 20 个国家，影响力非常大。

相比之下，我们更熟知的是他的另一个身份——著名的艺术品收藏家。赛克勒从20世纪40年代起开始收藏，在艺术品收藏领域，他投入了非常大的热情，藏品涉及美国、欧洲、前哥伦布时期、美国原住民、古代近东和亚洲艺术等多个领域，收藏门类非常丰富。这里面有可以算得上是博物馆收藏级别的非常重要的藏品。

赛克勒的中国艺术品收藏也很丰富，青铜、玉器、明式家具、瓷器都是他重点关注的收藏门类。他对自己收藏爱好的评价，大意是这么说的："比起作为收藏家，我更像一个守护人。"

赛克勒有个很有意思的收藏习惯，他喜欢成组地收藏文物，就是为了更全面地了解艺术品背后的文化、历史和社会现象。有一次，他碰到了一组6个成套的西周青铜编钟，当时就决定全部购入。因为，让他着迷的是这套编钟体现出来的西周礼乐文化。正是基于这套编钟和赛克勒对于西周礼乐文化的兴趣，这套编钟如今的收藏单位——弗利尔－赛克勒美术馆继续研究、策划了"回响：中国古代编钟"的展览，非常难得。与其说赛克勒是一名收藏家，我更认为，不如说他是一名通过收藏研究世界艺术史的学者。

赛克勒认为，培养懂艺术的人才非常重要，因为这样能够让全世界都看到世界各民族辉煌的艺术成就。因此，他在世界范围内资助了多家促进文化、艺术学习的机构，这其中就包括我们开篇介绍的三家他资助过的赛克勒博物馆。

赛克勒一生有过三任妻子、四个孩子。我见过他最后一任妻子，是一位金发碧眼、非常优雅的女人。她对我说，赛克勒走后，他所收藏的文物来不及统计，至少还有几千件，都放在地下室。从这点来看，文物在赛克勒的生活中占有非常重要的地位。一个外国人，对中国文物及文化情有独钟，这是什么缘故？这其实是因为中国文物深奥久远，藏着我们民族博大精深的文化精神。

098

北宋·李纲锏

福建博物院藏

刀枪剑戟，斧钺钩叉，镋槊棍棒，鞭锏锤抓，拐子流星——这是十八般兵器，代表着十八般武艺。从三皇五帝开始，人类的文明就是由不文明推进的，不停地打仗，直到赵宋王朝，十八般兵器作为传统冷兵器的名称才固定了下来。名称虽然固定了，种类却有所变化，你去查“十八般兵器”，会发现有不同的组合，但其中绝少不了锏（图 1）。

锏，有棱无刃，一开始是用竹子制成的，很像竹简，这也可能就是其名字的由来。后来随着冶炼技术的提升，才使用铁或铜来锻造（图 2）。提到锏，我们就不能不说声名赫赫的杀手锏，杀手锏就是在关键时刻亮出的绝杀之技。

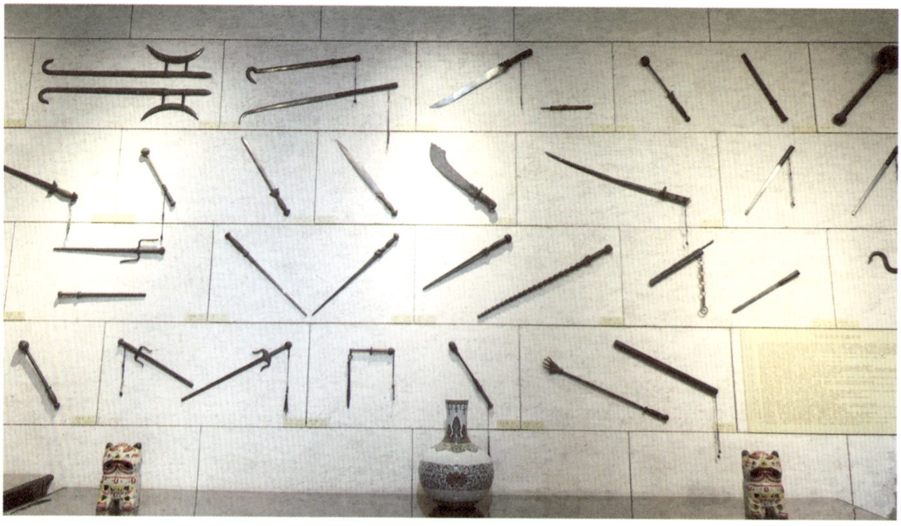

图 1 观复博物馆藏各种兵器

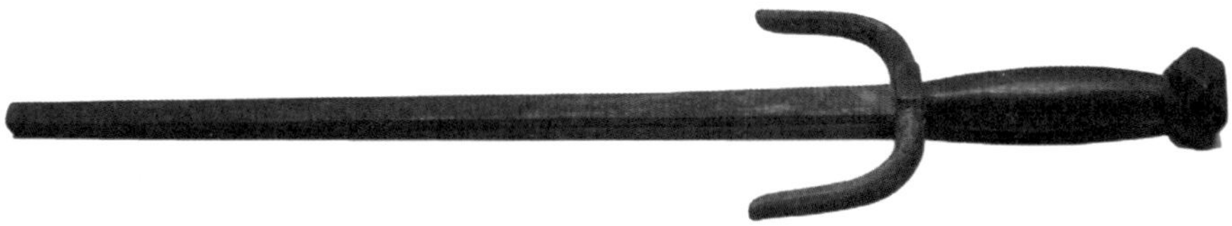

图 2 清代 铜锏 徐州博物馆藏

在《说岳全传》中，青面兽杨志的侄子杨再兴，武艺高强，使得一手好枪——杨家枪。他自恃本领过人，以为打遍天下无敌手，一定可以取得武状元，结果还没上举场，就遇到了岳飞，被岳飞的一招“败枪式”所败。此后，杨再兴苦练本领，技艺精进。十年后，杨再兴忍受不了统治者的昏庸无能，占山为王，打得官军落荒而逃。岳飞奉命前来围剿，再次见面的二人约好对决，在大战三百个回合后依然不分胜负。英雄惜英雄，岳飞十分赏识杨再兴，希望能收服他，但怎么也找不到法子。

一天夜里，杨再兴的先人杨景托梦给岳飞，说杨家枪只有杀手锏可以降服。两人比画起来，杨景败走，岳飞紧追不舍，杨景左手持枪回转身分心便刺，岳飞刚要举枪来挡，杨景右手举锏，大喊“牢记此法”，把锏按在了岳飞背上，这就是杀手锏了。第二天，岳飞以杀手锏大败杨再兴，杨再兴心服口服，与岳飞结为兄弟，成为鼎力的左膀右臂。

那么，锏有什么特别之处，让人们从十八般兵器中单单将其选出，以“杀手锏”命名，而没说什么“杀手锤”“杀手刀”呢？

传统兵器可以分为两大类：利兵器与钝兵器。利兵器，就是有刃的，像咱们最熟悉的刀、剑，都很轻便，便于持握，以见血为胜（图3）；钝兵器，像棍棒、锤，靠的是重力打击，一锤下去，脑袋开花（图4）。

当然，尺有所短，寸有所长，利兵器跟钝兵器各有千秋。但锏是个例外，锏是利钝兼修的。首先，锏的长度一般在 80 厘米左右，重达几十斤，

图 3 清乾隆 铁柄鲨鱼皮鞘辅德剑 故宫博物院藏

图 4 清代 铜锤 故宫博物院藏

抡圆了打在身上，一般人是受不住的；再有，锏身是有棱的，有棱就有面，分四面、六面、八面。你们注意看，锏身后粗前细，便于使用。那谁使用锏最厉害呢？秦琼。

秦琼，善使双锏，被誉为“马踏黄河两岸，锏打三州六府，威震山东半边天”，为李唐王朝的江山社稷立下赫赫战功，成为凌烟阁二十四功臣之一。不过，秦琼更为人熟知的是门神，与尉迟恭一起，守护着千家万户。那么，秦琼是怎么成为门神的呢？《西游记》第十回《老龙王拙计犯天条，魏丞相遗书托冥吏》中有一个完整的记载：

唐朝开国初年，长安城外的泾河边上有一个渔翁，名张稍。此人捕鱼非常厉害，每天都满载而归，而且从未遇到过凶险。要知道，水里讨生活，稍有不慎就可能葬身鱼腹。人们很好奇这渔翁是怎么做到的。

原来，是有高人指点。长安城西门街上有一个算卦先生，是当朝钦天监台正先生袁天罡的叔父，名袁守诚。此人相貌稀奇，仪容秀丽，名扬大国，术冠长安。渔翁张稍每天进献给袁天师一尾金色鲤鱼，天师就帮他卜一卦，告诉他应该在何处下网，顺便也就规避了风险。

结果，这个秘密被泾河里的虾兵蟹将听说了，他们就赶紧跑去跟老龙王汇报说："龙王，您得想个法子治一治这天师才好，不然咱这泾河里的鱼都快给捞没了！"老龙王一听，说这还了得！问明白了详细情况，便怒气冲冲地去找天师算账。怎么个算账法呢？老龙王化身为一个书生，请天师卜算明日何时降雨。

这天师一边抬头观天，一边晃动着卦筒，只见一支竹签落地，取来一看，天师说："明朝落雨。"老龙王又问："具体几时落雨，雨量多少？"天师答："明日辰时布云，巳时发雷，午时下雨，未时雨足，共得水三尺三寸零四十八点。"老龙王一听就笑了，说："如果明天确如你所言，那么我会送五十两金子作为酬谢；倘若不然，我就要打碎你的招牌，你得离开长安，给我滚蛋。"天师满口答应。

结果老龙王回到龙宫，屁股还没有坐稳，就接到了玉皇大帝的诏命：明朝布雨，惠泽长安。再看时辰、雨量，居然跟天师说的一模一样！老龙王呆了，但转念一想，这根本难不倒自己，因为老龙王有法力啊。

于是老龙王就等到巳时方布云，午时发雷，未时落雨，申时雨止，却只得三尺零四十点，改了他一个时辰，克了他三寸八点。国有国法，家有家规，不用说，老龙王触犯了天条，按罪当斩。那监斩人是谁呢？是魏征，玉皇大帝亲自委派的，要魏征在规定的时辰——午时三刻监斩老龙王。

为了保命，老龙王在行刑前一日跑来跟太宗李世民求情，让他在第二天拖住魏征，只要魏征不去，他就无法行刑，自己也就能保住性命。李世民觉得魏征是自己的手下，这事儿很容易办到，就满口答应了。

第二天，李世民宣魏征入朝，并将魏征留下来陪自己下棋。魏征无法脱身，当然也就不能监斩老龙王了。没想到，到了午时三刻，正在下围棋的魏征却打起了瞌睡，李世民也没有太在意，而魏征就利用这个短暂的瞌睡，灵魂出窍，梦斩龙王。

被斩首的老龙王心怀怨愤，阴魂不散，夜夜到唐宫里来大吵大闹，闹得太宗李世民根本无法入睡。你想啊，天天睡不好，龙体肯定欠安。没辙了，太宗只好向群臣求助，说明事情的原委，希望有个办法能降住这老龙王。

虎将秦琼提议，自己跟尉迟恭一起，戎装侍立在寝宫门外，只要老龙王敢来，就将其拿下。李世民答应了，当夜睡了一个安稳觉。但总不能天天让秦琼和尉迟恭都站在门外呀，他俩也得休息呀！想了想，信奉道教的李世民就让宫廷画师将秦琼和尉迟恭的形象画下来，贴在门上。上行下效，慢慢地，民间也开始在门上张贴秦琼、尉迟恭的画像。就这样，这两员大将便成为千家万户的守门神了，其中执双锏的即是秦琼，执鞭的乃是尉迟恭。秦琼就这样一直站到了现在。这是一种说法，说法还有很多，按下不表（图 5）。

可惜秦琼的双锏没有留存下来，不过有一个人的锏留下来了，这就是宋代名将李纲的锏，现收藏于福建博物院，也就是我们这里要说的国宝。如果说唐代的秦琼执锏守护的是每家每户，那么宋代的李纲执锏则护卫的是国门，是国土疆域。

李纲，祖籍福建邵武，生于无锡。宋徽宗政和二年进士，善诗文，通兵略，为一代儒将，与赵鼎、李光和胡铨合称“南宋四名臣”。

李纲历仕宋徽宗、钦宗、高宗三朝，官至宰相。此三朝正是宋朝风雨飘摇，历经坎坷，不断遭受金兵劫掠的时期。宣和七年（1125 年）十二月，徽宗禅位，钦宗登基，改年号为靖康。面对大举南下的金兵，生性懦弱的

图 5 清代 门神 故宫博物院藏

钦宗屡次要弃开封城南逃，被李纲苦苦劝阻：“祖宗社稷，岂可拱手让人，唯有死守。”说到做到，临危受命的李纲，在京城四面围墙排兵布阵，配备防守器械，派精兵把守城外粮仓，防止敌军偷袭。当金兵兵临城下的时候，李纲亲自登城督战，一次次地击退金兵进攻。金兵见攻城无望，遂使出诱降的计策，恐慌至极的钦宗很快就答应了议和条件，割让土地。

1126 年二月，金兵撤退，开封困局得解。而李纲因为反对议和冒死上谏而被贬谪出京。结果就在当年十二月，金兵卷土重来，第二次围困开封。钦宗慌乱中想起了李纲，急召李纲入京，但一切都太迟了。就在李纲星夜兼程奔来的路上，开封被金兵攻破，徽钦二帝也被劫虏北去，是为“靖康之难”。

此后，宋室南渡，康王赵构在应天府商丘登基称帝，为宋高宗。高宗任命李纲为宰相，一开始还准备收复失地，重振江山，但随着金兵的步步紧逼，再加上投降派的蛊惑，高宗最终决定逃跑，去杭州躲避。对此，李纲坚决反对，历陈要害。但高宗不为所动，一意孤行。至此，李纲愤而辞职，建炎元年（1127 年）八月，李纲罢相，主政仅七十天。1132 年，谪居中的李纲仍然心系故土，写下了一首诗，叫《病牛》：

耕犁千亩实千箱，力尽筋疲谁复伤？
但得众生皆得饱，不辞羸病卧残阳。

他以病牛自喻，表达了自己誓死抗金报国的决心。只是，疾病羸弱的身体不允许了，1140 年，李纲病逝于福州，壮志未酬！

不知是不是因为不甘不舍，李纲下葬的时候，随身佩带的宝锏并没有入殓，而是在民间流转。李纲为什么做锏呢？当然是为了抗击金兵。要知道金兵是轻甲骑兵，马跟人都是有护甲的。在这种情况下，刀剑都使不上劲儿，没有杀伤力，只能划出一道道铁花。但锏可以，锏的击打力度足以粉碎护甲，重创敌人。还有一个更重要的原因，李纲要记住国耻，希望收复失地，洗刷耻辱，结果却壮志未酬身先死，长使英雄泪满襟。

至于李纲锏到底在哪里，众说纷纭，也没个准信儿。一直到 20 世纪 80 年代，李纲锏才出现在人们的面前（图 6）。

1980 年 1 月 10 日，时任福州警备区副政委的周迅到金鸡山后勤修械所检查工作。修械所，顾名思义，就是修理军事器械的场所和单位，不用说，修械所里堆满了武器。结果，周迅在查看的时候，偶然在仓库的角落里发现了一个长套子，打开来看，里头是一把锏，锏上有“靖康元年李纲制”的篆书铭文。周迅明白，这可是宋代抗金英雄李纲的随身宝锏，是传世之物，于是就拿回了办公室。隔天，周迅到福建省军区向丛德之司令员报告发现

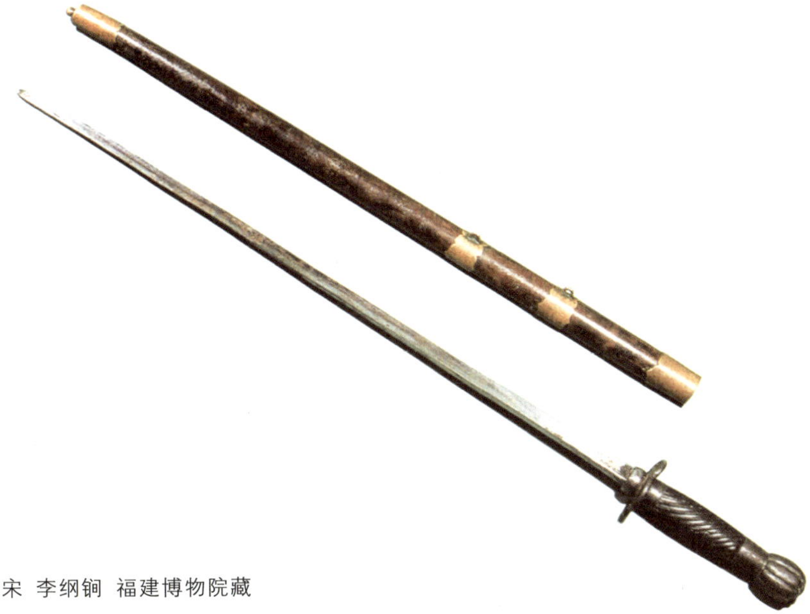

图 6 北宋 李纲锏 福建博物院藏

李纲锏的经过，并把它上交。

李纲锏是怎么流转至修械所的呢？原来，李纲去世后，这锏就消失了。到了晚清的时候，被福州举人林崧祁一家收藏。林崧祁大家可能不熟悉，但他的好友林琴南是鼎鼎有名的翻译家，翻译的名著有《茶花女》等。1884 年中法战争爆发，法国人入侵福州马尾闽江口，林崧祁主动率领乡民抵抗。林崧祁的儿子林之夏是辛亥革命志士，曾任福建都督府军务部部长，孙子林中宇是福州农校的一名老师。

林氏一家嗜好古董珍奇，世代相传，搜集了许多典籍、字画、陶瓷、玉石等珍贵文物，这把李纲锏是林中宇的姑父萧启斌于 1926 年从古董商手中买来的，寄放在林家。李纲锏平时深锁囊匣，秘不示人。“文革”十年动荡，文物被当成“四旧”，林氏家藏都被查抄，李纲锏就是在此时被没收的。

李纲锏被周迅发现后，转交到了省博物馆。后来博物馆依据物归原主的政策还给了林中宇。不过，林中宇跟家人商量后，还是在1985年5月29日，将它捐献出来，入藏于福建博物院。

李纲锏全长 96.5 厘米，内棱长 74.1 厘米，所配鞘长 76 厘米，总重约 3600 克。锏身呈棱状，渐往锋收。四刃，每刃面宽 1.6 厘米，刃锋利光亮，近格处一刃面嵌金篆书“靖康元年李纲制”七字。锏格呈四瓣花形，厚 0.4 厘米。锏把为圆柱形，为花梨木，刻斜旋道纹，是为了便于把握。锏把后端有穿，有“穿”就是有一个洞，首呈瓜棱状。锏身配有清代圆形红木套鞘，鞘两面对嵌银丝、四瓣花、蝙蝠、古磬、璎珞纹等，鞘口、尾部包铜边，上刻牡丹纹。作为我国现存最早的宝锏，可称之为国宝。

这批被没收的器械是准备熔化的，结果李纲锏被意外地保留了下来，也许冥冥之中，自有定数。李纲锏本是武将佩物，后被武家收藏，又流至军区，被军人发现，最后留在了李纲收身的地方。虽然李纲报国无门，但他的锏却流传下来，令后人得以窥见宋代的一个片段，也让我们后人能够有机会体会到“国破山河在，城春草木深。感时花溅泪，恨别鸟惊心”的悲愤与感怀。

099

明·智化寺万佛阁与智化殿藻井

美国纳尔逊-阿特金斯艺术博物馆、美国费城艺术博物馆藏

在北京市东城区禄米仓胡同的一大片老旧民居中，隐藏着一座明代古寺——智化寺。智化寺是明代司礼监太监王振于明英宗正统九年（公元1444年）所建的家庙，至今已经走过575个年头了。

王振出身平民，很小就入了宫，因为受到明成祖永乐皇帝朱棣的喜爱得以在宫中读书学习，后来又被分配侍候明仁宗洪熙皇帝。洪熙皇帝在位不到一年就驾崩了，王振就接着侍奉宣德皇帝。由于王振做事勤恳，深受宣德皇帝的信任，接下来又被派去侍候刚出生的太子朱祁镇，并担任侍读。王振入宫后，受到了这四代皇帝的喜爱，可见他是个情商多么高的人。

智化寺的主要建筑自山门依次是由钟鼓楼、智化门、智化殿及东西配殿（大智殿、藏殿）、如来殿、大悲堂这七座主建筑构成的。其中，如来殿内供如来佛，墙壁隔扇遍饰佛龛九千多个，所以又称万佛阁。

智化寺内所有的建筑都以黑色琉璃瓦作顶。为什么用黑色呢？在古代建筑中，能够使用琉璃瓦的都是高等级的建筑。古代的琉璃瓦颜色有很多种，红、黄、蓝、白、绿、黑等等。在传统的“五行”说里，黑色是属水的，水能克火，所以古代木结构建筑的顶部覆黑色琉璃瓦，有镇火之意。比如故宫的藏书楼——文渊阁就是以黑琉璃瓦覆顶的，它最怕着火。佛经上有“四种色”之说：“息灾为白”“增益为黄”“敬爱为赤”“降伏为黑”。智化寺使用黑琉璃瓦除了代表建筑的等级高、以水镇火外，还有一层佛教的含义，那就是以佛的智慧降妖除魔，度化众生。

虽说智化寺是宦官王振的家庙，但从智化寺门前所立《敕赐智化禅寺报恩之碑》的记载上能看得很清楚，他说“悉捐己资，僦工市材，建兹宝刹……天地虽未尝责报于万物，而万物自不忘生成之德；圣人虽未尝责报于臣下，而臣下之心自不能忘恩德之重……”这意思就是说，王振是自掏腰包建的智化寺，念及明成祖、仁宗、宣宗、英宗 4 位皇帝的厚爱，特建寺庙以报答祖先的庇佑和恩宠，同时也教化民众，为国家祈福。你看，这就是一个人情商高的具体体现。

对明朝历史略有了解的人都知道，明朝从 1368 年建立到 1644 年灭亡，存续了 276 年，经历了 17 朝，16 帝。为什么是 16 帝，不是 17 帝呢？原因大家也都知道，就是英宗朱祁镇一个人做了正统、天顺两朝皇帝，但他不是连任的。正统、景泰、天顺这三朝，在明朝历史上极为特殊，陶瓷史将这一时期称为“空白期”。

就在智化寺建成的五年后，也就是正统十四年（公元 1449 年），蒙古瓦剌部大举入侵，发生了土木堡之变。按照史籍的说法，王振先是“挟帝亲征”，又邀英宗途中参观自己在蔚州（今河北省张家口蔚县）的老宅，以致耽误了行程。当军队行至土木堡（今河北怀来）时，被瓦剌军包围，明军彻底溃败。后来，据说英宗被俘，王振被乱兵杀死。当然还有一种说法，说他是自刎的，自杀殉国。

天顺元年（公元 1457 年），英宗复辟，马上在智化寺内为王振立精忠祠，造木雕像，可见主仆情深。此后的近 300 年间，智化寺内香火不绝。直到乾隆七年（公元 1742 年），曾参与过《明史》校阅工作的山东道监察御史沈廷芳路过智化寺，他看见寺里竟然还有前朝逆臣的塑像，很是不爽，于是上奏乾隆皇帝，请求清毁王振塑像。这一奏请居然获得了乾隆皇帝的批准，从此，智化寺的名望日渐衰落。

时间一晃而过，到了 1931 年，供职于中国营造学社的刘敦桢先生来到

图 1 刘敦桢先生

北京智化寺进行考察（图1）。根据刘敦桢的调查报告可知，智化寺虽墙垣倾颓，檐牙落地，但从主要建筑的木构、斗拱、彩绘、雕刻来看，智化寺大体保留了明代的旧观，是研究明代建筑，乃至唐、宋建筑发展演变过程的一个重要实物。但同时让他遗憾的是，建筑中的两座藻井都不见了！他将此事如实地记录在案。从那时起，两座遗失的藻井就成了建筑学界关注的话题。

什么是藻井呢？藻井又叫绮井、覆海、斗八，这些词太生僻，非专业人士也不需要记它们。它是我国传统建筑中的顶棚特有的一种装饰形式，也是高等级建筑的天花中最显眼地方的一种装饰性很强的造型艺术。简单地说，有点像我们今天装饰天花板的吊顶，只不过古人的天花板装饰更加复杂，做出了方形、圆形或多边形的凹面。因为看上去像凹进去的井，又刻绘有水生植物的饰样，所以得名“藻井”。现在我们在故宫的太和殿、天坛的祈年殿都可以看到明清皇家最高级别的藻井艺术（图2）。除皇家殿堂外，北京城周边敕建的寺庙，比如法海寺、隆福寺、五塔寺等主要建筑也有精美的藻井。

智化寺原本应该有三座精美绝伦的藻井，它们分别镶嵌在藏殿、智化

图 2 故宫太和殿藻井

殿和万佛阁的殿顶。藏殿内的藻井较之其他两座小一点，至今保存完好。而智化殿、万佛阁内的两座藻井，结构更加复杂，制作工艺精巧。它们均为斗八式，井框外边长 4.35 米，内边长 4 米。每格的边缘饰卷云、莲瓣、斗拱，空档内置佛家“八宝”：轮、螺、伞、盖、花、罐、鱼、长。内八角与中心之间的斜板上，环雕八条游龙，中央圆心一条矫健粗壮的团龙，垂首俯视向下。内八角与下边框之间镶嵌有空中楼阁，楼阁内置小佛像，采用斗拱支撑整个内八角。

这些精美的藻井是明代建筑木雕的极品。这三座原本相生相伴、熠熠生辉的藻井为何失散了呢？另外两座藻井今天又在哪儿呢？

就在刘敦桢先生来到北京考察的前一年，也就是 1930 年初，一位 24 岁的美国人来到了中国，他就是劳伦斯・史克门（Laurence Stickman 1907—1988）（图 3）。史克门是美国科罗拉多州人，生于 1906 年，曾经在哈佛大学研究艺术史。1930 年毕业后，根据哈佛与燕京大学交换学者的

图 3 史克门在北京搜求文物

协议，他来到北京研究中国古代文化艺术，同时受雇于纳尔逊博物馆，为之搜求东方文物。

说到纳尔逊博物馆，就不得不提及威廉 · 罗克希尔 · 纳尔逊（William Rockhill Nelson，1841—1915）。这位纳尔逊先生和著名的小说家马克 · 吐温是同乡，都来自美国的密苏里州。纳尔逊是密苏里州堪萨斯城的一位房地产开发商，1870 年他在堪萨斯城创办了《星报》，又成为传媒大亨。1915 年，纳尔逊去世。根据他的遗嘱，房地产生意的全部收入将用于购买艺术品，并建立面向公众开放的博物馆。

无独有偶，在堪萨斯城有一位爱好艺术的房地产商遗孀玛丽 · 阿特金斯（Mary Atkins）夫人，根据她生前的遗嘱，在她去世后把自己的财产全部捐出，所有遗赠旨在建立一座对公众开放的艺术博物馆。

后来双方的遗产委托人决定将二者的资产合并，创建一家博物馆。这家博物馆在 1930 年破土动工，1933 年建成开馆，总耗资 275 万美元。这座博物馆就是纳尔逊－阿特金斯艺术博物馆，根据捐赠者的意愿，博物馆免费向公众开放。

类似这样的由社会名流出资创建的博物馆，在20世纪初期的美国比比皆是。在西方或者欧洲国家，一直以来都有一个很好的传统，就是私人创办博物馆。同时，这种私立博物馆的背后有一套完善的章程和体系，来确保博物馆的正常运行。就算是用你捐赠的钱购得的文物，放在你创建的、以你的名字命名的博物馆里，如果你再想买卖、支配这些藏品也是不可能的，这些藏品进了博物馆就不再属于任何私人了。

纳尔逊－阿特金斯艺术博物馆是美国中部收藏中国古代艺术品顶级的博物馆之一，尤其是中国书画作品闻名于世（图4）。1933年开馆之初，入藏的上千件中国艺术品大多数直接购买自中国本土，占据纳尔逊－阿特

图4 北宋 许道宁《秋江渔艇图》（局部） 美国纳尔逊－阿特金斯艺术博物馆藏

金斯艺术博物馆所藏中国文物总数的一半以上。其馆藏的诸多中国古代艺术精品多为史克门在中国购买所得。

史克门是在燕京大学的哈佛燕京学社开始他收购中国文物的“探索”生涯的。他当时出入于古玩市场，广交古董商，遍游华北各地。可能是命运的安排，让刚来中国不久的史克门遇到了入不敷出的智化寺。

民国时期，智化寺收入拮据，经济窘迫，僧人们为了维持生计，卖物租屋无所不干。以前的人管出租殡葬用具和提供人力的商铺叫“杠房”，胡同口的杠房与智化寺关系密切。办丧事的人从杠房买来棺材，到寺里去做法事，无地埋葬的，灵柩就暂时停在寺中。更不可思议的是，由于有些和尚沾上了大烟瘾，庙里的很多古柏都被卖掉给人家做了棺材。

有一种传闻说，当时为史克门服务的古董商得知寺院的境况后，就暗暗着手替史克门与僧人们商谈怎么去买卖藻井。据久居智化寺附近，现在已故的老人们回忆，拆卸藻井那天刚好下雨，为了掩人耳目，他们特意雇杠夫在晚上把藻井抬到古董商的家里。当时住持以 800—1000 元的价格把藻井卖给了古董商，古董商又加价转手卖给了史克门（图 5）。

另外一种传闻说，智化寺的住持和尚曾向洋行老板借贷 200 大洋，到期却无力归还，洋行老板因多次讨债不成，看到院内放置的万佛阁藻井。这座藻井因多年失修，有松动下坠的危险，因为无力维修，就暂时把它卸下放置在院内，洋行老板便与主持商量用这藻井抵还欠债（图 6）。洋行总有外国人来，史克门就是其中之一，当他得知洋行买了寺庙的藻井后，便出钱从洋行老板手中购得，偷偷地运往美国。直到 1945 年，古建专家梁思成先生到美国讲学，在美国密苏里州堪萨斯城的纳尔逊 - 阿特金斯艺术博物馆里惊奇地发现了正在展陈的万佛阁藻井，国人才知道其确切的下落。

然而，来自美国博物馆的说法却完全不同。一种说法是，当时的藻井被卖到了棺材铺，正要拆分，被美国人抢救了下来；另一种说法是，智化

图 5 万佛阁藻井旧照

图 6 拆下的藻井旧照

寺的僧人正要把藻井劈了当柴烧，“巧遇”美国人，被阻止并买下，后又通过私人捐赠的方式收藏于博物馆内。

你看，站在不同的立场上，所持的文化情感不同，说辞也就不一样。我们没办法深究其中的真相，总之，智化寺藻井是在 20 世纪 30 年代国家动荡、民不聊生的背景下流出中国的。所以过去有句老话说，“太平文物，乱世黄金”，世道不好的时候，文物都会被拿去变钱。

类似这样晚清民国时期受雇于国外各大博物馆，在中国“寻宝”的例子还有很多。说到中国文物的流失，不能不提及的人物之一，就是兰登·华尔纳（Langdon Warner，1881—1955），哈佛大学著名的汉学家，他是第一个在美国大学里开讲东方艺术的人（图 7）。无巧不成书，华尔纳正是史克门在哈佛大学的老师。

华尔纳一面在哈佛当老师，一面接受美国各大博物馆的邀请，当东方艺术品的收藏顾问。他在 1916 年就曾作为克利夫兰艺术博物馆的收藏顾问，来华搜集中国文物。1923 年至 1925 年，他两次率哈佛探险队来华，在抵达敦煌后，用在胶水桶里浸泡过的布料覆盖到壁画上，待布料干燥后，连同壁画一起揭了下来。华尔纳还用暴力手段把一尊唐代的彩绘观音像从基座上敲了下来，连同壁画和其他文物，一股脑儿地带到了美国（图 8）。这些文物现在还收藏在美国马萨诸塞州的福格艺术博物馆内。福格艺术博物馆是哈佛艺术博物馆系统的一部分，也是哈佛大学最古老的艺术博物馆。

按照华尔纳的说法，他的这种行为是正规交易，因为他向莫高窟的看管者王圆箓道士支付了 150 美元。福格艺术博物馆也认为这些文物是他们当年从华尔纳手中全额购买的，而且有发票为证。

民国前二十年，军阀混战，天下大乱。这段时期，大量的西方人进入中国搜寻古物。史克门和华尔纳在中国不期而遇，心里都惦记着这藻井。

图 7 华尔纳

图 8 莫高窟中被敲下的唐代彩绘观音像

这里还必须再提及另一个人，这个人叫霍拉斯·翟荫（Horace Howard Furness Jayne，1898—1975）。

霍拉斯·翟荫当时是费城艺术博物馆中国馆的首任馆长，1923年至1925年间曾随华尔纳两次来到中国，两人交情很深。智化殿藻井入藏费城艺术博物馆，正是翟荫一手经办的，自然深谙个中原委。1987年，史克门在一封信中回忆道："我虽然参观过智化寺几回，但未做深入研究。当我寻找殿内的藻井时，它已经不在了，我是从许多木匠手中买回来的，他们正准备用它做棺材。从某种意义上说，是我们将它从一种奇特的命运中解救出来的。"同时，他不避讳揭翟荫的老底，在信中确认：翟荫曾为费城艺术博物馆买了一块同样的藻井。

1986年5月，在美中教育访华协会工作的哈默德先生参观智化寺时，得知藻井流落美国，表示愿意帮忙弄清情况。哈默德先生回到美国后，与纳尔逊－阿特金斯艺术博物馆取得了联系。纳尔逊－阿特金斯艺术博物馆告知另外一块藻井当时是被一位美国人买走后捐给费城艺术博物馆的。这个人不是别人，正是翟荫。

事情至此，可以确知，智化寺的两座流失海外的藻井于89年前，分别被受雇于美国最著名的两个博物馆——纳尔逊－阿特金斯艺术博物馆和费城艺术博物馆的学者史克门与翟荫以购买的方式，将它们收入大洋彼岸博物馆的展厅中（图9）。

这是我们的一段非常沉痛的历史。祖上的东西在我们自己的国土上存在了500年，但我们最终没有把它们看好，让它们漂洋过海，成了人家的陈列。

为什么美国人如此热衷于把藻井搬到美国去呢？前面讲过，藻井在明清建筑中的地位非常高，通常用在皇家寺庙中神佛主像上方或者宫殿中帝王宝座的正上方。它的存在体现了一种至高无上的威严。正因为藻井在中

图 9 明代 智化寺万佛阁与智化殿藻井
美国纳尔逊 - 阿特金斯艺术博物馆、美国费城艺术博物馆藏

国古代建筑中有如此强烈的象征意义，美国人才千方百计地想把它运回美国。智化寺藻井是明代建筑的杰出代表，无论它今天在哪儿，都一定闪烁着中华文明之光，传递着中华文明之火。

100

北宋·《清明上河图》

故宫博物院藏

我们前文已经讲了 99 件国宝故事，这第 100 件国宝作为压轴出场，乃是大名鼎鼎的《清明上河图》。

如今，人口超过一千万的城市可称为超级大都市，比如伦敦、纽约、东京，还有中国的北、上、广、深，都被联合国评为超级大都市。纵观历史，人类文明史上出现的第一个超级大都市，是近 2000 年前的古罗马城，那时候城市人口最多过百万。到了 12 世纪初，神秘的东方也诞生了一个超级大都市，那便是大宋的东京汴梁城。下面，我们就通过这幅国宝级的画卷——《清明上河图》，来了解当时这座大都市的繁荣景象。

我们都知道，《清明上河图》是件国宝，今存故宫博物院。《清明上河图》只要一拿出来展览，参观的队伍就立刻排成长龙。毕竟是国宝嘛，谁都想一睹风采!

《清明上河图》出自北宋画家张择端之手。关于张择端的身世，是个千古谜题，生卒年都不详，我们只能通过画卷上仅有的 85 字的题跋来了解他，这题跋是金人张著用行楷在卷后写下的。张著的题跋是关于张择端身世最早的记载，也是世上唯一的记载。跋文大致是说张择端是东武人，即山东诸城人。任翰林待诏，“待诏”是个官职，“待天子命也”，就是随时听候皇帝的诏令（图 1）。

张择端擅长界画。什么是界画呢？界画是传统绘画中的一个品种。界画都跟建筑有关，特征是画面中的建筑占据主要视觉点。由于建筑本身的

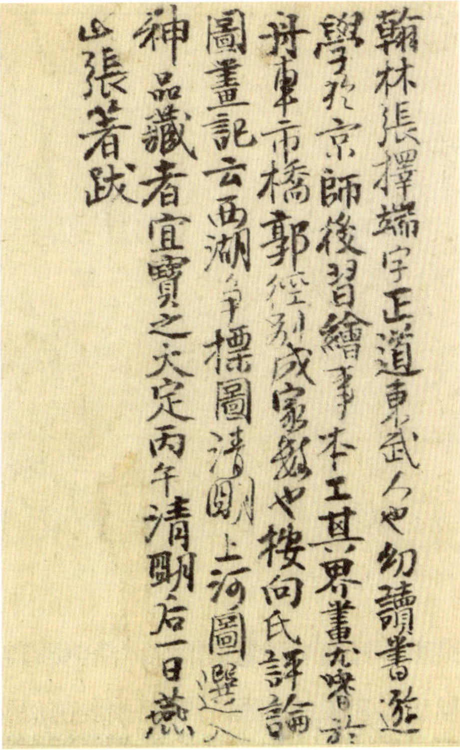
翰林張擇端字正道東武人也幼讀書遊
學於京師後習繪事本工其界畫尤嗜於
舟車市橋郭徑別成家數也按向氏評論
圖畫記云西湖爭標圖清明上河圖選入
神品藏者宜寶之大定丙午清明後一日燕
山張著跋

图 1 张著题跋

结构所致，所以在绘画时必须做到横平竖直，采用直线表达。画家用毛笔画起来比较麻烦，不容易画直，所以必须借用界尺，这种画就叫界画。但凡一用到界尺，这画就可以叫界画了。由于画家动用界尺，因此界画最初不被重视。界画画家往往低人一等，感觉是匠人画的，不如文人画。虽然《清明上河图》被定为界画，但动用界尺的地方并不多。

张著还说，张择端喜欢画车船、桥路，驾轻就熟（图 2）。张择端的代表作有什么呢？有《西湖争标图》和《清明上河图》。《西湖争标图》到现在都没有出现，要是哪天找着了，那就是另一件超级国宝！

而“翰林待诏”里的“翰林”，是指宋徽宗赵佶办的翰林书画院，也叫“宣和画院”，“宣和”是徽宗的年号。一旦进入该系统都是吃俸禄的，所以当时谁要想进这个画院十分困难，比现在的美术高考生要难得多。除了要

图 2 北宋 张择端（传）《金明池争标图》（局部） 天津博物馆藏

参加十分严苛的考试之外，还必须通过皇帝亲自出题监考这一环节，所以能进入宣和画院的，肯定不是一般人。

在北宋，张择端的画风与主流画风不同，那时候以徽宗为代表的人物花鸟山水画最受欢迎，而《清明上河图》属于风俗画，这种市井的画并不多见，其画作更加强调细节和真实性，人物和场景都是等比例出现的，可以说非常严谨。然而，风俗画在传统观念中也低人一等。

《清明上河图》是一幅长达五米多的画卷，也叫“手卷”。手卷是一种常见的中国书画装裱形式，其他形式还有挂轴、册页等等。在中国画里，手卷的表达方式是推进的，这种方式非常独特。手卷在表达一个故事或场景的时候，常用的推进方式有几种：第一种是中间没有间隔的，如《清明上河图》《康熙南巡图》《姑苏繁华图》，都是一种完整的表达；第二种是故事有推进，但中间变换场景，有间隔，比如我们讲过的《韩熙载夜宴图》及《女史箴图》；第三种是题材一致，画与画之间没有关联，独立存在，比如《五马图》《五牛图》，是单独的五个图装裱在一起的。再比如有《八花图》，八种花卉形态各异，合之成为整体。

那么，手卷有什么特点呢？

手卷打开的方式是由右向左慢慢地展开。所以你看《清明上河图》，一起头就是郊外，然后往城市的中心推进，最后又出了城，它就是这么个路子。手卷这种观赏方式最适用于《清明上河图》这类作品，非常连贯。这种绘画展开的方式跟西方完全不同，西方人看卷轴地图是从中间往两边展开，我们是从右侧推向左侧，中国人讲究循序渐进。

之前我们说过，假如把《韩熙载夜宴图》比作一部新闻纪录片，它记录了一个历史上真实发生过的事情，那么《清明上河图》则是一部反映市井生活的电视剧，上面光人物就有千余位，统计都不一样，往少了说有八百多，往多了说有一千多，反正你满眼望去，这画卷上全是各色人等，干着不同的事儿。

那这幅《清明上河图》画的是什么时候的事儿呢？大家肯定觉得应该跟清明节有关——“清明上河”嘛，自然就想到清明节那天，连上坟带上河。那它为什么不叫《清明上坟图》呢？

关于清明节，最有名的一首诗是杜牧的“清明时节雨纷纷，路上行人欲断魂。借问酒家何处有，牧童遥指杏花村”。我们再看看《清明上河图》，没下雨，行人也没有断魂状，倒是很热闹；酒家处处有，不用去杏花村。有人认为它描绘的季节是夏末秋初，因为上面画的驴驮着炭，之所以有驴驮炭的情节，说明人们准备用木炭来取暖，这表明天快凉了，准备过冬；另外，篱笆上结着茄子，茄子我们都知道，夏天的茄子正嫩，还好吃，到秋天就有点老了，不好吃；再有就是，画上有很多拿扇子的人，春天谁拿扇子呀？一般都是夏秋之际才拿扇子，上面又有西瓜、草帽、竹笠，还有人赤着胳膊、光着身子；满大街都是酒楼，有的酒楼上挂着酒旗，有的店铺招牌上写着“新酒到了”。古代什么时候开始卖新酒呢？中秋前后。粮

食丰收，新酿的米酒到了，招牌上还有写“口暑饮子”的，意思是说天气燥热、口干，我要喝饮料。所以，很多细节都表明，这幅画画的不是春天，而是夏秋之际，故而《清明上河图》中“清明”二字就比较费解了。

有学者认为，这个“清明”说的不是节日，而是时代的状态，是指当时的太平盛世。政治清明，躬逢其盛，是这么一个状况。据说，北宋张择端花了十年的时间完成了这幅长卷，大概处在北宋发展最好的时期，国泰民安。但后面的事我们都知道，北宋末年，居安未思危，徽宗把江山给丢了。

如果问《清明上河图》中的“上河”当什么讲，现在有人解释说，“河”是开封的汴梁河；有人认为“上河”是方位，这条河居城市之北。实际上，北为上的概念是现代的，古代都是以南为上。

这“上河”也可当作“上集市”讲——《清明上集图》，这么叫就容易听懂了。因为我们今天说“你上哪儿去啊？”“我上哪儿去啊？”不就是“去哪儿”的意思吗？这就比较好解释了——正逢清明盛世的时候，我去那条大河，河道两边街道很热闹，去赶集。那条大河我们都看得见，张择端画了一个著名的桥梁，拱形的，叫作“虹桥”，非常漂亮（图 3）。

这幅长卷就是以这座虹桥为中心展开的。桥上布满了人，还有占道经

图 3 《清明上河图》（局部）

营的各种商铺，桥下还有条大船要打这儿经过，由于桅杆没及时放下，眼看着都要撞上桥了，船上的人神色紧张，水手们都慌里慌张地拉桅杆，桥上的人看热闹不嫌事儿大，几乎都围过来看，还有帮忙指挥的，可见中国人自古就爱凑热闹。城里面这么热闹，城外面则比较清静。构图和情节安排上疏密有致，有主有次，足以说明画家的功力非常深厚。

这幅画里面的细节刻画太细腻了，画家怎么表现所有的细节呢？他用了白描的技法，白描就是拿很细的毛笔一点点勾。细到什么程度呢？比如上面画的写有“赵太丞家”的药铺兼诊所，这家药铺里面，柜台上摆着一副十五档的算盘，连每颗算珠都画出来了。据此，我们便可以知道中国人的计算器——算盘，在北宋时期就已经很普及了，而西方的算盘是在 13 世纪从法国开始普及的。

这家药铺左招牌写着：“太医出丸 医肠胃药”，右招牌写着：“治酒所伤 真方 集香丸”，可见这家药铺是退了休的御医所开，太医嘛，主治肠胃病。前面我们不是说了酒楼特别多吗？酒楼多酒鬼就多，自然得肠胃病的人就多。药铺里来看病的是两位妇女，其中有一位正抱着小孩儿坐着，可见儿科也在药铺的经营范围之内（图 4）。

图 4 《清明上河图》（局部） “赵太丞家”

图 5 《清明上河图》（局部） “孙羊店”及说书艺人

您听《国宝 100》节目时，听我一个人跟您嘚啵嘚地聊国宝故事，跟说书似的。这幅画里也有说书艺人，就站在“孙羊店”的前面——卖羊肉的掌柜的姓孙，所以叫“孙羊店”。那位大胡子艺人站在前面说书，一群街头百姓听得入神，把他团团围住。宋朝说书体裁颇多：讲史、讲经、讲公案、讲志怪，是当时最受欢迎的一种娱乐方式（图 5）。

这幅画的流传经过，根据题跋、藏印以及各种书本记载，可以知道最初藏于宣和“御府”，原先还有宋徽宗赵佶瘦金体的题签，正是“清明上河图”五字，同时加盖了双龙小印，到明代中叶它还在，以后不知道什么原因，徽宗的题签和双龙小印都被裁去了。

这有两种可能，一种是画卷流传太久，开头部分坏掉了，后人重新装裱的时候，看这块儿也没法修了，干脆就给裁了；还有一种可能就是有人故意把徽宗的字和章裁下来，因为徽宗的瘦金体很值钱，再把它贴到别的作品里去。甚至可以再大胆一点猜测，这五个字当时就是一幅书法作品，能卖出个好价钱，这种事在历史上屡见不鲜。

后来的“靖康之耻”大家都知道，徽宗和他儿子钦宗，还有后妃、公主、宗室、大臣三千余人，以及各种文玩珍宝、书画典籍，甚至能工巧匠等全部被掳掠而走。《清明上河图》也在这次掠夺的物品之内，反正就是跟着金军出宫了，流散民间。这是《清明上河图》的第一次出宫。

北宋灭亡后留下的汉族遗民中，有几位很有幸能展视此图，他们分别是张著、张公药、郦权、王磵、张世积等人。当这些人从此图上看到昔日的繁华今成瓦砾，感慨万千，题诗以咏，都留在了卷尾。这些题诗只表明他们都看过，却不一定都收藏过（图 6）。

蒙古人灭掉大金，建立元朝。蒙古统治者可不是吃素的，满世界搜罗宝贝，这么一来，《清明上河图》便第二次进入宫廷，为皇家所有。到了元代后期的至正年间（公元 1341 年—1368 年），这幅画又出事儿了，要

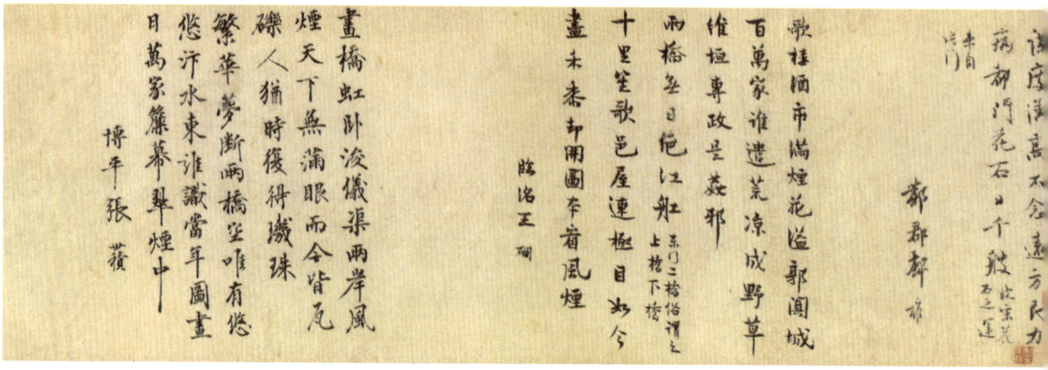

不怎么说气数将尽就容易出乱子呢？

当时宫里有个装裱匠看准了它，奉旨重新装裱这幅画卷的时候，使了个调包计，用一幅摹本把真本偷换出宫，悄悄地卖给了某个贵官。这官员后来被派到河北正定驻守，负责替他保管这幅画的人又偷偷地把它卖给了杭州人陈某。陈某保存了数年，谁知家道中落，只得变卖家中财宝。更要命的是，他得知那位贵官快要从正定回来了，所以急需找到一位买主把这烫手的名画转出去。恰好当时有一位官员收藏家，叫杨准，他是吴澄的弟子，就在北京城。这杨准人品好，又多金，好收藏，尤其喜好名人字画，圈内自然有人把这一消息透露给了他。杨准知道后马上以重金购得《清明上河图》。

杨准得到《清明上河图》是在元至正十一年（公元 1351 年）。不久，他就调离北京回到江西老家，《清明上河图》也随着他到了南方。得到这幅作品，他喜不自禁，第二年，他就在家乡把怎么得来的经过原原本本地记录在卷后（图 7）。

《清明上河图》第二次从皇宫里被偷盗出来的细节，就这样清晰明确地被记录了下来。同年秋天，杨准找到刘汉，刘汉是行家，找他既可以鉴定真伪，又可以满足杨准的虚荣心。刘汉看过以后，完全折服于张择端的画工，他在杨准之后也写了一个跋，称这一作品为“希（稀）世玩”，要

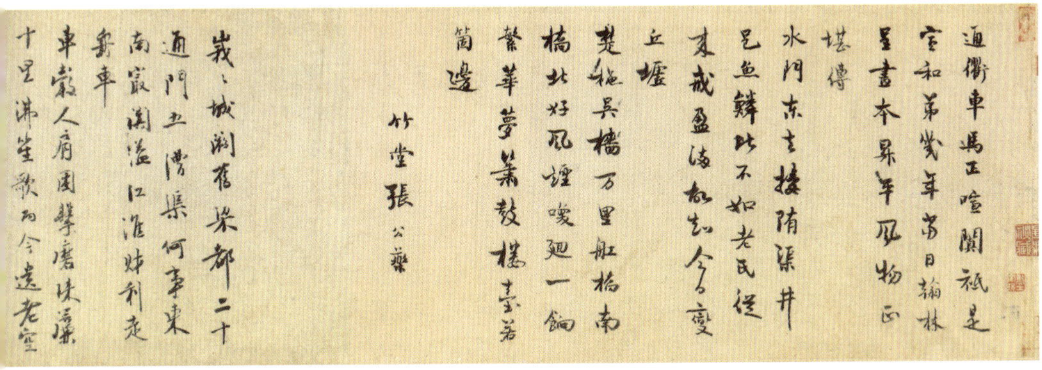

图 6 张公药、郦权、王磵、张世积等人题跋

杨氏子孙永远“珍袭”（图 8）。可是，仅隔了 13 年，《清明上河图》已经到了静山周氏的家里了。究竟是杨准自己卖掉的，还是在他死后子孙卖掉的？就不得而知了。

关于这个静山周氏没有多提，只是出现在另一段跋文中，这段跋文是元末明初李祁写的（图 9）。这个李祁是元惠宗元统元年（公元 1333 年）的榜眼，此人很关键，这里按下李祁不表，我们接着往下说。

到了明代，掀起了一股收藏热，其中书画市场最为兴盛。《清明上河图》几经辗转，藏在了大理卿朱文征家，这大理卿相当于最高人民法院院长。其后转入徐溥手中，徐溥是明景泰年间（公元 1450 年—1456 年）的进士，后来做到了内阁大臣。

徐溥临终前，叫来自己的孙子徐文灿。孙子很高兴，以为爷爷要把名画传给自己。哪知道爷爷叫他来，是要他把《清明上河图》送到李东阳府上去。这李东阳可是内阁首辅，相当于总理一级的。李东阳曾经在朱文征家看到过这画，发现上面还有自己的祖爷爷李祁的遗墨——就是前面提到的元末榜眼李祁，爱得不行，于是写了一段题跋（图 10）。等到正德十年（公元 1515 年），这画居然到了自己手中，李东阳更是激动不已，再次写下了长篇跋文（图 11）。

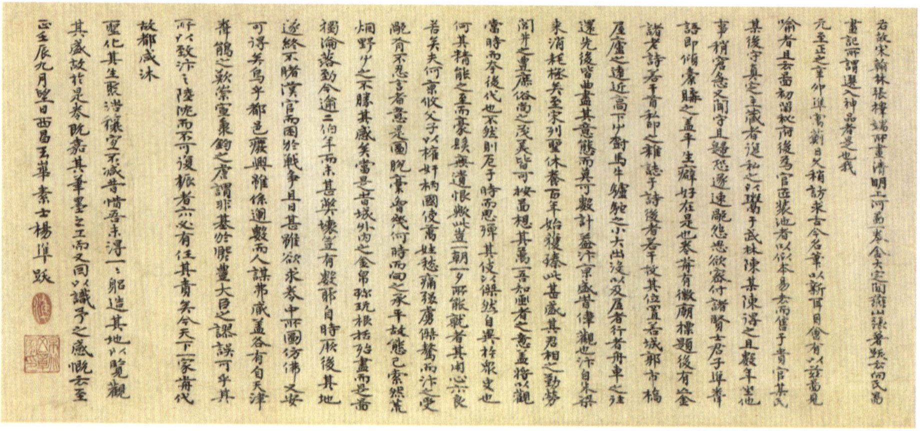

图 7 杨准题跋

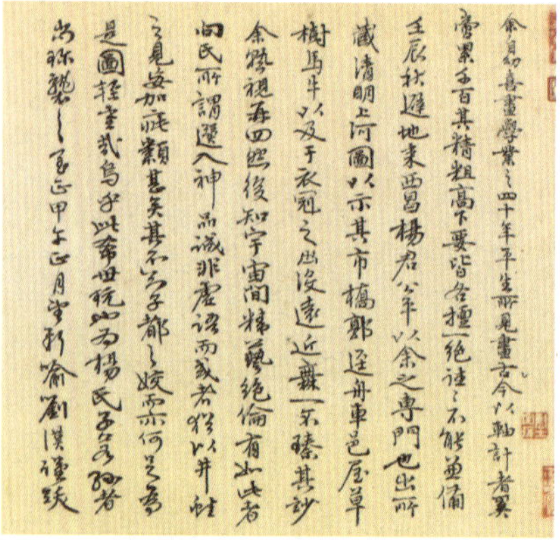

图 8 刘汉题跋

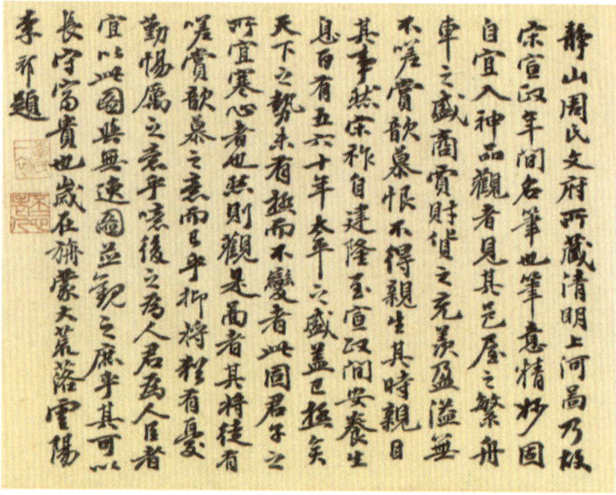

图 9 李祁题跋

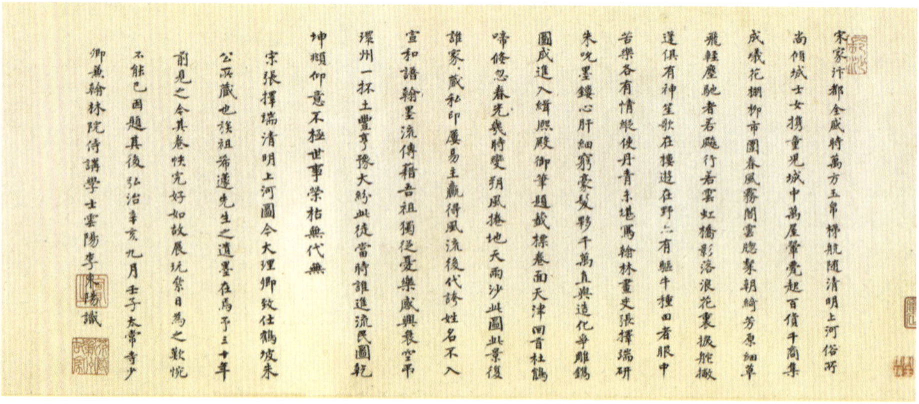

图 10 李东阳第一次题跋

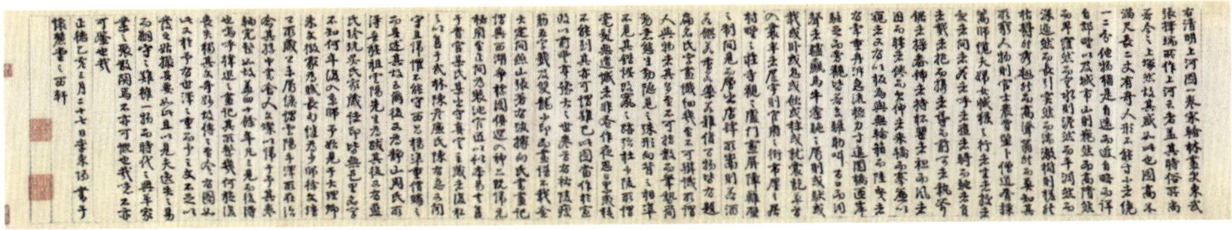

图 11 李东阳第二次题跋

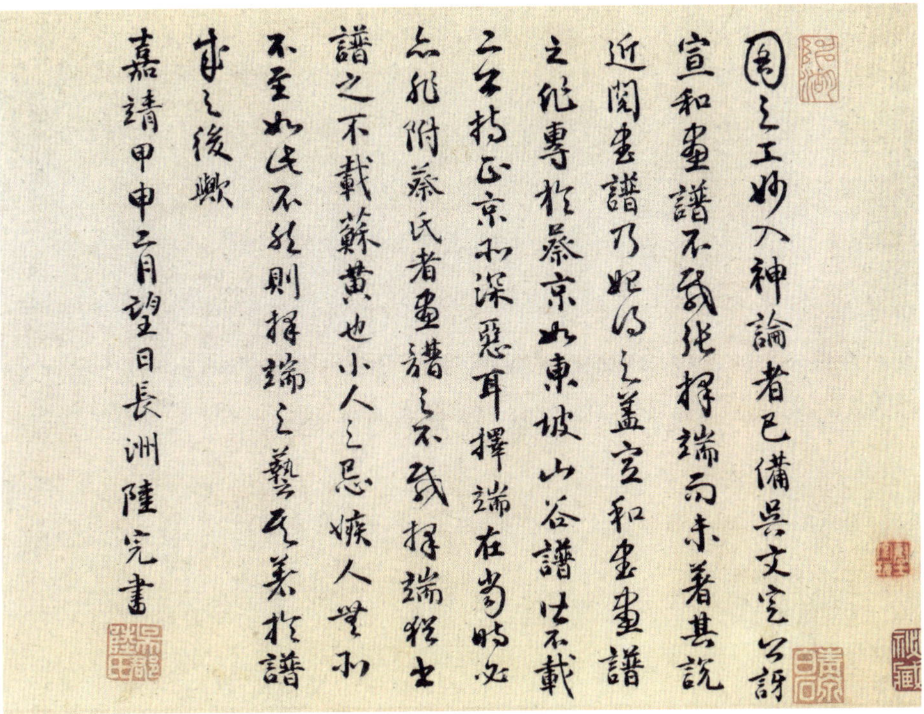

图 12 陆完题跋

虽说这画到了李东阳手里，可是李东阳也得走啊，他活不过这画。后来，这画就到了陆完的手里，明嘉靖三年（公元 1524 年），陆完在画后也写了题跋（图 12）。陆完是苏州人，成化年间进士，官至太子少保、兵部尚书，名重一时。由于接受宁王朱宸濠的巨额贿赂，为其在朝廷说话，后来“宁王之乱”，陆完因此受到牵连。陆家衰败后，陆完的儿子将《清明上河图》卖给了礼部尚书顾鼎臣。这画在顾鼎臣家也没搁多久，结果落到严嵩、严世蕃父子手里去了。

关于《清明上河图》如何从陆家到的严家，其间演绎出许多曲折离奇的故事，真真假假，我这么一说，你们就这么一听。

故事从陆完死后继续，《清明上河图》一直由陆夫人亲自保管。夫人把这幅画缝在绣花枕头里，谁也不知道。夫人有一个外甥，姓王，擅长绘画，而且很乖巧，会说话，很讨夫人的欢心。这个王生就活动心眼儿，每次趁夫人高兴的时候，就提出说："能不能让我看一眼？"几次三番以后，夫人就被他说动了。不过这夫人也很警惕，不准王生携带笔砚，只能坐在小阁中静静观赏，也不许有其他人在场。这样，王生往来两三个月，借看了十好几次，每次都把构图布局记在脑子里，回去以后再凭着记忆偷偷画下来，王生真是神童！

花开两朵，各表一枝。

同时还有一位官爷叫王忬，王忬是兵部右侍郎，右都御史，出任过山东、浙江等地的巡抚，还当过蓟辽总督，官已经很大了，但他还不知足，还想巴结严嵩。于是，他出高价悬赏寻觅《清明上河图》，想买过来送给严嵩。

王生知道后，就把自己的临摹本卖给了王忬，获利八百两银子。王忬根本不懂，不知道这是一个赝本，就拿去献给了严嵩。严嵩获此重宝，十分高兴，一看这幅画有点儿旧了，就说拿回去重装一下吧，于是这张假画就到了严嵩家里一位姓汤的裱画师手上。

这位裱画师识货呀，他一眼就看出了破绽，知道这是个赝品。但他没有跑去告诉严嵩，而是跑到王忬那里索贿。他说："您这画值多少钱我可不管，您只要给我四十两银子，这事就算过去了。"谁知王忬太抠门，没理会，姓汤的裱画师就怀恨在心，回去以后便把作旧的颜色冲洗干净，将新画露了出来，令严嵩大为难堪。

严嵩认为王忬是有意欺骗戏弄自己，仇恨的种子就此埋下，后来加上其他种种原因，促使王忬最后惨遭斩首之祸。王生也因为这件事受到牵连，最终饿死在监狱里。

这个故事出自明人李日华的《味水轩日记》，李日华也是听说的，真假谁也闹不清楚。

后来，清人顾公燮又写了另一个版本，更为曲折离奇，记录在他的《消夏闲记》里。简短来说，王忬家里藏有真本《清明上河图》，严嵩的儿子严世蕃知道后，强行索要，定好了哪天必须把画送到严府。王忬只能答应下来，但极不情愿，就悄悄地请了位高手临摹复制了一幅。

到了约定好的日子，王忬就将伪本献给严世蕃。当天，严世蕃身边有位姓汤的裱画师，看画的时候就看出问题来了，说这画是假的，当场戳穿。这个汤姓裱画师说起来有点忘恩负义，因为王忬对他有知遇之恩，他能在严世蕃身边做事，也是王忬引荐的。严世蕃听后很恼火，汤姓裱画师可能想再表现一下，谁知弄巧成拙，因此受到了严世蕃的鄙视，直接被赶出了严家。而王忬那边事情败露，最后也落得被严氏父子弹劾加害的下场。

这个故事无论哪个版本，都说明“历史没有真相，只残存一个道理”，这个道理就是：王忬怎么斗也斗不过严嵩。

严氏家族没落之后，《清明上河图》就到了东厂大太监冯保手里。至于怎么到他手里的，我们来看冯保自己写的跋文（图13）。首句就说：“余侍御之暇，尝阅图籍，见宋时张择端《清明上河图》。”意思是说，太监冯保在伺候皇上的闲暇之余，阅览图书，见到过张择端的《清明上河图》。这说明《清明上河图》确实收藏于明朝内宫，并入过皇帝的眼。那这件名画是怎么到他手里的呢？如果是皇帝的赏赐，他怎么能只字不提呢？所以有人就怀疑是他偷出来的！

我们看一下冯保的身世：冯保是深州（今河北深州市）人，当过嘉靖、隆庆、万历三朝太监。万历即位时仅十岁，冯保假传遗诏说是“阁臣与司礼监同受顾命”，意思是大臣和太监共同来辅佐年幼的皇帝。之后，

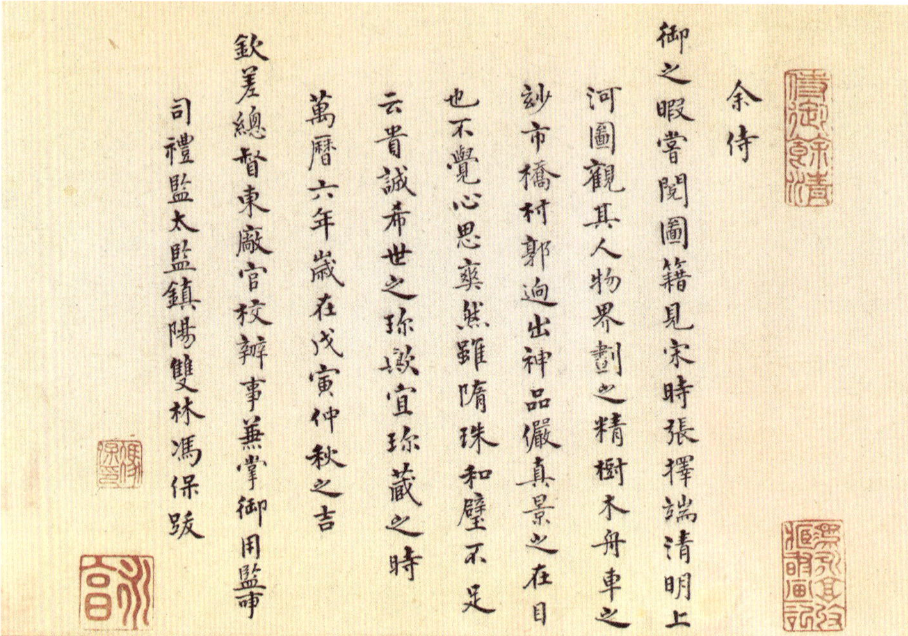
余侍
御之暇嘗閱圖籍見宋時張擇端清明上
河圖觀其人物界劃之精樹木舟車之
妙市橋村郭迥出神品儼真景之在目
也不覺心思爽然雖隋珠和璧不足
云貴誠希世之珍歟宜珍藏之時
萬曆六年歲在戊寅仲秋之吉
欽差總督東廠官校辦事兼掌御用監事
司禮監太監鎮陽雙林馮保跋

图13 冯保题跋

冯保把司礼监、东厂都揽了过来，兼总内外大权，势力越来越大，成为太监总管。冯保为什么有这么大的权力？在宫内，他所依仗的是李太后，在宫外结交的是首辅张居正。张居正为了巩固自己的地位，也需要依靠冯保的力量。一直到万历皇帝长大亲政，李太后不干预朝政，张居正也死了，冯保才失去依靠，被万历放逐到南京，最后病死在那里。

冯保给《清明上河图》写题跋的那一年，万历皇帝才十六岁，尚未亲政，正是冯保权力膨胀最大的时期，他完全具备作案条件。另外，冯保写得一笔好字，《清明上河图》上，冯保写的题跋字迹非常漂亮。由此种种，很多研究者推测《清明上河图》是冯保从宫中顺出去的，这就是《清明上河图》第三次出宫。

《清明上河图》在冯保手里待了多久已无从考证，但有一点可以确认——查抄冯保家产时，并没有这幅画，因为它再也没有进入明朝的宫廷。

图 14 明代 仇英（传）《清明上河图》（局部） 台北故宫博物院藏

很可能在冯保被抄家之前就已经秘密脱手了，再不然就是藏到别处没被查抄出来。

自冯保以后，一直到乾隆年间，这二百余年中，《清明上河图》究竟几易其主，倒手过多少次，无人知晓。也正是在这一段时间内，社会上伪本《清明上河图》广为流行，目前世界各地所藏的这类伪品，仿得太次的就不提了，仿得好的就不下几十卷。比如，仇英也仿过，台北故宫就收藏有传为仇英的仿本（图 14）。说到仿本，我告诉你们，我还买过一卷呢！

目前可以查到的《清明上河图》在清代的第一个收藏者是陆费墀，安徽桐乡人，乾隆时的进士，但没有说他是从哪儿得到的。接着是毕沅。毕沅是江苏太仓人，乾隆二十五年（公元 1760 年）进士，官至湖广总督。他学问特大，尤其喜好金石书画，家藏很丰富。《清明上河图》大概是从陆费墀那里得到的，收到这幅古画，毕沅喜不自胜，和他的弟弟毕泷一起欣赏，所以画后有“毕泷审定”的印记（图 15）。

毕氏兄弟将这件国宝在手里攥了一辈子。在嘉庆朝《石渠宝笈三编》中，有这样的记载：毕沅在任湖广总督时，花重金购得《清明上河图》，死后与和珅一起被追责，家产没收，《清明上河图》顺理成章又回了宫廷。可惜啊，喜欢书画的乾隆老爷子一辈子都被蒙在鼓里，没能亲眼一睹《清明上河图》。这幅画经嘉庆、道光、咸丰、同治、光绪，最后到宣统溥仪这儿，估计您也猜到了，没错，这幅画就被他带到了东北，这是它第四次出宫。

《清明上河图》历经宋、元、明、清，四进四出宫廷，这幅身世曲折的名画直到 1948 年东北解放以后，又一次幸免于难，先存放在东北博物馆，后来被拨交给故宫博物院。

《清明上河图》与我们常见的中国绘画有所不同，它所表现的山川树木、村落城镇、店铺商摊、城门桥梁以及家禽牲畜，还有贩夫走卒，都在

图 15 卷尾诸印

一种人为设置的社会形态之中。这个形态的时间节点是北宋晚期，地点选择在北宋的东京汴梁。它真实地记录，或曰反映了北宋的社会风貌，继而解释了当时的政治形态。

中国画有个天生的弱点：由于历史原因，不愿去承担社会责任。这与西画不同，你去西方博物馆看画，两大主题是西画的重头戏，即宗教与战争。宗教与战争是政治形态的最高表现形式，宗教为日常生活的精神追求，战争是政治冲突的结果。而中国传统绘画中鲜见甚至不见这类绘画，我们表现的多是个人感受，高山流水、柳浪松涛、翎毛走兽、花鸟鱼虫，画家强调自我，所以我们常说“寄情于山水或花草”。而张择端不然，他把北宋时期百姓的喜怒与哀乐、富有与贫穷、悠闲与劳作都画于一长卷之上。虽人与人有天壤之别，但却都处在一派政治祥和之中，故曰《清明上河图》（图 16）。这种表达也是一种政治形态的表达，物阜民丰、安居乐业乃是千百年来不分民族、不分朝代、不分国度共同的目标。

我们多么怀念《清明上河图》那个时代啊！我们感叹中华民族在一千年前就有如此繁华的景色，就有如此安逸的生活。这件国宝，历尽千难万险，最终被国家所藏，让我们一千年后的人，能够看到自己的过去，还能够畅想未来。感谢画家张择端，费神十年，写尽人间美景，道出政治清明，唯有政治清明，方能天下太平。天下太平，万物安宁。

这是《国宝 100》的最后一篇了，100 个国宝故事只是中华文明的沧海一粟。实际上，在漫长的文明推进的路途中，国宝比比皆是，处处都有，留给我们的，从某种角度上说是一种幸运。我们应该珍惜这种幸运，因为多数的国宝都已淹没于历史的长河之中。

图 16 北宋 张择端《清明上河图》故宫博物院藏

参考书目

1. 《髹饰录解说——中国传统漆工艺研究》，王世襄，文物出版社，1983年3月第一版，1998年第二次印刷。
2. 《近代日本的中国艺术品流转与鉴赏》，[日]富田生、赵秀敏（译），上海书画出版社，2014年8月。
3. 《中国古代建筑——正定隆兴寺》，张秀生、刘友恒、聂连顺、樊子林，文物出版社，2000年6月。
4. 《隆兴寺四尊唐夹纻佛像》，张永波，《燕赵都市报-风骨河北》，2010年8月29日。
5. 《夹纻工艺与佛教造像》，周亚东，《艺术百家》，2009年。
6. 《皇家冰窖与冰箱》，远波，《紫禁城》，2004年04期。
7. 《捐宝人家历尽沧桑寄深情》，徐珊，《公安月刊》，2013年14期。
8. 《珐琅器艺术研究》，史美香，西安美术学院硕士论文，2008年。
9. 《圆明园的故事》，刘阳，紫禁城出版社，2017年7月第一版。
10. 《一个昂贵的“水龙头”》，李晶晶，《三联生活周刊》，2007年第39期。
11. 《圆明园兽首》，纪录片《国宝档案》，20130701。
12. 《圆明园西洋楼的中国元素》，孙晨露，圆明园遗址公园官网《圆明园研究》，2016年12月26日。
13. 《圆明园十二兽首寻踪》，思源，《世界遗产》，2010年3期。
14. 《皿方罍研究》，李学勤，《文物》，2001年。
15. 《关于皿方罍》，张昌平，《南方文物》，2014年。
16. 《皿方罍的流传追述及其价值》，傅聚良，《文物天地》，2015年。
17. 《皿方罍的年代及产地》，高西省，《湖南省博物馆馆刊》，2016年。
18. 《贞顺皇后石椁追回，盗墓贼洗白文物空间缩小》，王阳，《京华时报》，2010年6月28日。
19. 《长安盗》，海岩，江苏文艺出版社，2013年5月1日。

20. 《中国美术分类全集·中国青铜器全集·商4》，马承源，北京文物出版社，1996年7月。

21. 西周青铜瓿（铭文后刻）Wine Container (Pou)，13th century B.C.，链接：https://www.metmuseum.org/art/collection/search/52617（最后访问：2019年4月10日）

22. *IMPORTANT CHINESE ART FROM THE FUJITA MUSEUM*，Truong. R.ALAIN，New York，March 15th 2017.

23. 《北齐东安王娄睿墓》，山西省考古研究所、太原市文物考古研究所编，文物出版社，2006年09月。

24. 《北齐东安郡王娄睿墓的壁画和雕塑》，陶正刚，《美术研究》，1984年01期。

25. 《这场雪，好似等了千年》，赵玉国，《中国收藏杂志》，2019年2月期。

26. 《高安元代窖藏瓷器》，刘金成，朝华出版社，2006年3月第一版。

27. 《高安博物馆馆藏文物精粹》，刘金成，文物出版社，2011年第一版。

28. 《从高安馆藏元青花看元代汉蒙关系的演变》，施泳峰，《上海艺术家》，2015年第3期。

29. 《高安窖藏元青花高足杯品鉴》，杨道以，《东南文化》，2000年12期。

30. 《论元青花高足杯的特色与内涵》，杨佩佩，《佛山陶瓷》，2012年3期。

31. 《大元雄风青花韵——江西高安元青花博物馆陈列》，刘金成，高安市博物馆的博客。

32. 《论早期晋都》，邹衡，《文物》，1994年1期。

33. 《晋国始封地考略》，李伯谦，《中国文物报》，1993年12月12日。

34. 《天马-曲村遗址北赵晋侯墓地第四次发掘》，北京大学考古学系、山西省考古研究所，《文物》，1994年第8期。

35. 《史记卷三十九·晋世家第九》，（西汉）司马迁著，中华书局，1982年11月。

36. 《中国出土玉器全集之山西卷》，科学出版社，2005年10月。

37. 《玉之器》，马未都，广西美术出版社，2014年12月。

38. 《两周玉组佩考》，罗伯健，《文博》，1987年8月29日。

39. 《玉觿与玉冲牙》，杨玉彬，《收藏家》，2009年6月1日。

40. 《晋侯邦父与杨姞》，李学勤，《中国文物报》，1994 年 5 月 29 日。
41. 《续说晋侯邦父与杨姞》，李学勤，《宝鸡文理学院学报（社会科学版）》，2005 年 12 月 30 日。
42. 《关于晋侯铜器铭文的几个问题》，裘锡圭，《传统文化与现代化》，1994 年 4 月 15 日。
43. 《晋侯墓地出土玉组佩赏析》,王金梅,《文物鉴定与鉴赏》,2012 年 10 月 1 日。
44. 《晋侯墓地出土的先西周玉器检讨》，张长海、孟耀虎，《山西省考古学会论文集》，2006 年 9 月 30 日。
45. 《晋侯墓地出土玉器研究札记》，孙庆伟，《华夏考古》，1999 年 3 月 26 日。
46. 《广艺舟双楫注》，康有为著，上海书画出版社，2006 年 1 月。
47. 《广艺舟双楫》，康有为著，姜义华、张荣华编校，中国人民大学出版社，2010 年。
48. 《大爨碑管窥》，施政声，《曲靖师专学报》，1983 年 4 月 2 日。
49. 《云南古代石刻丛考》，孙太初，文物出版社，1983 年。
50. 《〈爨龙颜碑〉题名职官分析》，梁晓强，《曲靖师专学报》，第 19 卷第 1 期，2000 年 1 月。
51. 《解读〈爨宝子碑〉》，任佩，《云南档案》，2004 年第 3 期。
52. 《爨氏家族入滇时间考》，平建友，《云南社会科学》，2012 年第 6 期。
53. 《论〈爨宝子碑〉的书法艺术》，刘晓东，《安徽文学（下半月）》，2013(04)。
54. 《云南古代重要碑刻刍议》，杨瑾、杨恩泉，《收藏家》，2016 年 1 月 10 日。
55. 《清代学人视野下的爨宝子、爨龙颜碑》，孙强，《中国书法》，21 期，2016 年 11 月 8 日。
56. 《滇南“大小爨”及其拓本流传问题考述》，马其伟，《中国书法》，21 期，2016 年 11 月 8 日。
57. 《“二爨”书法批评观念与书家接受研究——兼谈其经典地位的确立》，赵明，《中国书法》，21 期，2016 年 11 月 8 日。
58. 《“二爨”对沈曾植书法的影响》，成联方，《中国书法》，21 期，2016 年 11 月 8 日。

59. 《〈爨宝子碑〉的前世今生》，《中国书法报》，2017 年 5 月 16 日第 002 版。

60. 《爨碑惊奇录》，中央电视台科教频道《探索发现》第 65 期、第 66 期，2012 年 3 月。

61. 《遂宁金鱼村南宋窖藏（上下）》，成都文物考古研究所、遂宁市博物馆，文物出版社，2012 年 3 月。

62. 《遂宁青瓷》，李晶晶，《三联生活周刊》，2010(43):116。

63. 《南宋龙泉窑青釉荷叶形盖瓷罐》，四川宋瓷博物馆官网，2012 年 1 月 12 日。

64. 《南宋末四川军民对蒙古的抵抗及其意义》，愚人，百度贴吧，2009 年 11 月 6 日。

65. 《马未都说收藏：陶瓷篇(上)》，马未都，中华书局，2008 年 4 月。

66. 《古代的符契档案——丹书铁券》，张克复，《档案学通讯》，1990 年 02 期。

67. 《钱镠铁券千年播迁记》，钱听涛，《炎黄春秋》，2002 年 12 期。

68. 《台州传世文物之最：钱镠铁券收藏考略》，胡平法，《台州学院学报》，2008 年 04 期。

69. 《略论铁券及其功能实现问题》，吉健，《青海师专学报》，2006 年 02 期。

70. 『ひと声千両 おどろ木 桃の木「私の履歴书」』，坂本五郎，日本经济新闻出版社，1998 年 6 月。

71. 月刊『目の眼 - 昭和最強の古美術商 坂本五郎の眼』，株式会社里文出版，2018 年 9 月号。

72. 『美の猟犬 安宅コレクション余聞』，伊藤郁太郎，日本经济新闻出版社，2007 年。

73. 『美の求道者 安宅英一の眼 安宅コレクション』，大阪市立东洋陶瓷美术馆，日本经济新闻出版社，2007 年。

74. 《饮流斋说瓷》，许之衡，初版晚清至民国，山东画报出版社，2010 年。

75. 《饮流斋说瓷译注》，叶喆民，紫禁城出版社，2005 年。

76. 『魅惑の清朝磁器』，京都国立博物馆，读卖新闻社，2013 年。

77. *Die Porzellansammlung zu Dresden: China - Japan - Meissen*，Ulrich Pietsch，Annette Loesch und Eva Ströber，Deutscher Kunstverlag，2006.

78. *Die Porzellansammlung zu Dresden*，Ulrich Pietsch，Annette Loesch und Cora Würmell，Deutscher Kunstverlag，2012。

79. 《茨温格宫里的瓷器》，李晶晶，《三联生活周刊》，2014 年第 31 期。

80. 《寿县蔡侯墓出土遗物》,安徽省文物管理委员会、安徽省博物馆,科学出版社，1956。

81. 《史记·管蔡世家》《史记·吴太伯世家》《史记·伍子胥列传》，（西汉）司马迁，中华书局，1982 年 11 月。

82. 《我的前半生》，爱新觉罗·溥仪，群众出版社出版，1964 年 3 月。

83. 《我的前半生》（全本），爱新觉罗·溥仪，群众出版社出版，2007 年 1 月。

84. 《佛光无尽: 弗利尔1910年龙门纪行》,查尔斯·兰·弗利尔（Charles L.Freer），上海书画出版社，2014 年 8 月 1 日。

85. 《逛琉璃厂的外国人》，张春岭，《金融博览（财富）》，2017 年 10 期。

86. 《殷代铜器足徵说兼论邺中片羽》，徐中舒，《考古》，1935 年 01 期。

87. 《〈吉金萃影〉出版编辑侧记》,许海意,中国文物信息网,2016 年 12 月 27 日。

88. 《山西大同石家寨北魏司马金龙墓》，山西省大同市博物馆、山西省文物工作委员会，《文物》，1972 年第 3 期。

89. 《首批禁止出国（境）展览文物目录》，国家文物局文件，文物办发 [2002]5 号，2002 年 1 月 18 日。

90. 《北魏司马金龙墓出土屏风发微》，扬之水，《中国典籍与文化》，2005 年第 3 期。

91. 《司马金龙墓屏风漆画赏析》，吕文平，《文物世界》，2007 年第 5 期。

92. 《北魏司马金龙墓屏风漆画题记》,殷宪、董其尚,《中国书法》2014 年第 4 期。

93. hadou-Shaped Flowerpot with Globular Body and Flaring Mouth，https://www.harvardartmuseums.org/collections/object/205346?position=43。

94. 《河南省禹州市神垕镇刘家门钧窑遗址发掘简报》，北京大学中国考古学研究中心、河南省文物考古研究所，《文物》，2003 年第 11 期。

95. 《一代明臣显英豪——全析福建博物院藏之宋李纲铜》，丁清华，《艺苑》，2013 年。

96. 《自喻“病牛”的抗金名将》，刘立祥，《文史天地》，2016 年。

97. 《李纲福建踪迹考》，郑淑榕，福建师范大学，2013 年。

98. 《西游记》，吴承恩，人民文学出版社，2010 年。

99. 《说岳全传》，钱彩，岳麓书社，2016 年。

100.《浅析智化寺建筑结构风格》，杨志国，《北京文博文丛》，2016 年第 6 期。

101.《流落到美国的智化寺藻井》，梁玉泉，《紫禁城》，1987 年第 10 期。

102.《清明上河图》（故宫珍藏版），段永强、魏明明，《紫禁城》，2015 年 11 期。

103.《清明上河图的故事》《梦回汴梁：阅读〈清明上河图〉》，《紫禁城》，2013 年 04 期。

104.《北宋张择端清明上河图揭秘》，余辉，《紫禁城》，2013 年 04 期。

105.《〈清明上河图〉早期题跋者生平事迹考略》，黄应烈、戴立强，《辽宁省博物馆学术论文集（1999-2008）》第 2 册，2009 年。

跋

《国宝100》（四卷集）付梓后我长出了一口气，两年时间基本上就忙活这一件事。2018 年夏秋之际，我把连续播出四年的《观复嘟嘟》停更，本想休息些日子，谁知想得挺骨感，但现实特丰满，国宝项目扑面而来，缘于国学热催生了国宝热。

我在文物、博物馆、古董行业里摸爬滚打半生，对这里面的道行路数几乎门儿清，许多故事多年以前就听得心驰神往，加之我又曾是个专业的文学编辑，弄一套国宝故事说不上轻车熟路，也算是旧业重操。于是乎，开选题会，先决定挑选一百件国宝，给大家讲讲背后的故事。

最初设想只做一档音频节目。现在人生活空余时间少，看视频喜短不喜长，听音频还可以干点儿别的事，加之我以为录音频省去服化道（服装、化妆、道具）会省事省心。可结果不是这样，录了大概十集之后，我下定决心把它废了，又改录视频，音频也能听，但它已是副产品了。

音频节目的录制与视频完全不一样，音频节目需要自己对着冰冷的录制设备装神弄鬼。在没有情感的设备前绘声绘色地讲故事是专业人士的强项，而我从未受过这方面的训练，十分不适应，也掺入不了感情。节目制作出来后自己听着都难过，只好下决心重来。

改录视频也有麻烦。《观复嘟嘟》录了四年，一共二百四十期，我已习惯以聊天的方式与观众交流，但这国宝故事大部分不是我的亲历，没法身临其境地展现故事，这节目的设置有点儿像说书，所以我穿起了长袍大褂，置办了一块惊堂木，煞有介事地变成一个说书人。

《国宝100》录了一百集，整理出书是为了读者的阅读乐趣。出书并不易，不是简单地录入文字就行了，而是需要文学润色，配以大量的历史图片，让历史变得真实起来。一干人紧张地各司其职，终于书成型了，又加拍了封面照，封底让一百件国宝多多少少都露一下脸，云集在一起时，显得蔚为大观。

这是一本奇特的书，第一次将图书、视频、音频三者结合在一起。这很可能无意间成为这个信息革命时代的标志产物。过去对出版物的认知建立在纸张之上，几十年前音像出版物又红火了一阵子，直到互连网发达普及的今天，这三者才有机会真正地走到一起，结合成一个整体，各显其能，各尽所长。

做这档节目及图书时雄心勃勃，希望能一百一百地做下去。可谁知想再挑选一百件国宝就没那么容易了。国宝有，故事没有，故事没有，表达就会空泛，达不到目的。其实，这一百件国宝虽然是我率团队反复甄选的，好像是个人角度，但以我对中国文物的总体了解，谁想再编一百件国宝故事，这里至少有八十件以上绕不过去。这么想，这本书的编辑也真不容易。

好在书出版了，放在书架上随时可以翻阅，对于作者是成就感，对于读者是幸福感。五千年的文化积累为你服务，还有什么幸福可以超越它呢？

谨为后记。

马未都

庚子仲秋

图书在版编目（CIP）数据

国宝 100. 第四卷 / 马未都编著 . -- 武汉 ：长江文艺出版社， 2020. 8（2022. 10 重印）
ISBN 978-7-5702-1499-0

I. ①国… II. ①马… III. ①文物 - 介绍 - 中国 IV. ① K87

中国版本图书馆 CIP 数据核字（2020）第 066438 号

国宝 100. 第四卷

GUOBAO100. DISIJUAN

马未都　编著

选题产品策划生产机构 | 北京长江新世纪文化传媒有限公司
总 策 划 | 金丽红　黎　波
责任编辑 | 王赛男　封面设计 | 郭　璐　媒体运营 | 刘　冲　刘　峥　洪振宇
法律顾问 | 梁　飞　内文制作 | 张景莹　责任印制 | 张志杰　王会利
版权代理 | 何　红　新媒体运维 | 高　梦
封面摄影 | Photolemo · 约拍館
总 发 行 | 北京长江新世纪文化传媒有限公司
电　　话 | 010-58678881　传　　真 | 010-58677346
地　　址 | 北京市朝阳区曙光西里甲 6 号时间国际大厦 A 座 1905 室　邮　　编 | 100028

出　　版 | 长江出版传媒 | 长江文艺出版社
地　　址 | 湖北省武汉市雄楚大街 268 号湖北出版文化城 B 座 9-11 楼　邮　　编 | 430070
印　　刷 | 天津盛辉印刷有限公司
开　　本 | 710 毫米 ×1000 毫米　1/16　印　　张 | 19.25
版　　次 | 2020 年 8 月第 1 版　印　　次 | 2022 年 10 月第 5 次印刷
字　　数 | 246 千字
定　　价 | 68.00 元